沃顿商学院图书

终极领导力
Ultimate Leadership

拉塞尔·帕尔默
(Russell E. Palmer)　著

梁彩云　译

中国人民大学出版社
·北京·

编辑手记

关于领导力，人们曾经非常关注权威的来源，领导者的特质，希望总结出什么样的人最容易成为领导，或者说领导者都具有什么样的特质。随着社会经济的不断发展，人们发现特质迥异的人，只要适应了相应的环境，同样可以成为成功的领导者。最大的挑战在于如何适应不同的组织，如何在不同情境中灵活运用领导力。本书以大量实例帮助领导者了解如何适应多变的组织类型和复杂的组织环境。

如果你是合伙制企业中的执行合伙人，你如何领导那些与你平起平坐，对企业承担无限风险的合伙人？

如果你是大学的校长或者院长，你如何领导那些思想独立、各自为政、不爱受束缚的教授？你如何发动学生，让他们与校方一起推动教学改革，或者尝试新的教学项目？

如果你是企业的领导者，你如何激发组织成员的潜能，带领他们实现愿景？

如果你是非营利组织的主席或者秘书长，你如何与各色捐助者合作？你如何领导不同背景的志愿者？

如果你的组织裹足不前、实力下降，你如何唤起追随者的热情，适时地领导一场变革？

如果你的组织面临危机，你如何在危机中辨别机会，把危机变成下一个发展的契机？

在本书中，作者对这些问题会给出令人信服的答案。

本书作者曾是德勤会计师事务所有史以来最年轻的 CEO，带领德勤将业务扩展到 90 多个国家；他也曾是沃顿商学院第十届院长，带领沃顿商学院从美国一个二流商学院成长为连续多年排名全美第一的商学院；他还是一个成功的投资人，在教育投资领域硕果累累。他用自己的亲身经历说明：保持正直、勇于创新、善于执行等是不变的领导原则。在不同环境中，必须灵活运用领导原则才能获得"终极领导力"。

当今社会，领导力不是只有领导者才需获得的能力。你也许是企业中某个跨职能小组的成员，你也许热心社区公益事业，你也许参加了某个网络社团……只要你希望在组织中承担更多的责任，发挥更大的作用，你就需要提升自己的领导力。本书为你提供了一份有效的指南。

曹沁颖

2009 年 6 月 6 日

序言
FOREWORD

我第一次知道拉塞尔·帕尔默是在 1999 年。当时他是美国通用电话电气公司（GTE）董事委员会的成员，并且在公司与贝尔大西洋公司（Bell Atlantic）合并组成弗莱森电讯公司（Verizon Communications）的时候，继续为弗莱森的董事会服务。从一开始，我就被拉塞尔的价值增长观点所吸引，并且对于他对董事会、管理层和我自己的指导留下深刻印象。他的贡献远不止他在市场营销、金融市场和公司治理等方面的渊博知识。拉塞尔对领导力在建设成功组织中的关键作用有着敏锐的洞察力。

在这本书中，拉塞尔精炼了自己作为 Touche Ross 的执行合伙人、宾夕法尼亚大学沃顿商学院的院长，以及现在作为他自己的公司帕尔默集团（The Palmer Group）的主席兼 CEO 对领导力的认识和见解。他这本书的显著特色就是专注于领导必须进行实践的各种不同环境或者组织，并且清楚地说明了一系列可以应用在实践有效管理方面的具有实用性的领导原则。拉塞尔讲述了大量典型的组织环境，并为领导者培养他们自己有效的领导风格提供了指导。书中还有大量现实案例，既有积极方面的，也有消极方面的，目的是展示这些原则是如何在现实世界当中发挥作用的。

作为一名领导者，拉塞尔在自己领导的三种组织环境中都获得了成功。我毫不怀疑他的成功要归因于他和他的员工工作的技能，就像他在我们董事会中的突出表现一样。在这本书里，他和我们交流了一位阅历丰富的领导者指导领导者以及准领导者的感受。

拉塞尔 2005 年从弗莱森的董事会退休了，从那之后我就失去了他睿智的教导。希望他的书能一路畅销。

伊万·塞顿博格（Ivan Seidenberg）

主席兼 CEO

弗莱森电讯公司

前言
PREFACE

这 本书是关于领导者，或者是有抱负的领导者需要理解的领导力方面的，但是有一点经常被他们忽视，就是我所说的"组织环境"。

我的主要观点是领导原则在各种情况下都是有效的，但是，这些原则通常需要根据不同的环境和组织不同的组成成员而采取不同的方式。领导原则和领导力的组织驱动型方式是本书的两个基本主题。换句话说，本书认为对于领导者来说，要想进行有效管理——无论他们领导的是拥有千万资产和上万员工的大型组织，还是一个小型的仅有几十位志愿者的非营利机构——不仅要关注成功领导的原则，还要注意这些原则所应用的组织环境，这是非常重要的。对组织环境的了解有利于领导者进行有效管理。

尽管组织环境这个概念听起来很简单，实际上这个概念的内涵是很广泛的，并且我也讲述了各种组织类型，以及在每一种组织环境中所适用的领导类型。如果你不能找出自己经营的特定组织环境，那么，你就不能认为这本书对你没有任何意义。我所讲述的每种组织环境都可以适用于相关的组织和行业。我敢保证，没有任何行业或组织会不适用我在本书中所讨论的领导力的本质。理解组织环境需求的领导者是对未来做好了准备的，而无论将来会发生什么状况。

还有一种组织环境是需要领导者注意的。在当今世界，领导者经常会被邀请参加行业联盟协会、政府政策顾问委员会以及其他外部组织。在这些外部组织中，需要采用一种和领导者在自己的组织环境所采用的完全不同的领导方式。我会指出当领导者被邀请到这些外部组织工作的时候，等待他们的各种问题。这些外部组织可能是完全不同的，成败通常取决于能否调整领导类型以适应不同的组织。

对于理解领导力这一点，我将会带来什么内容呢？在我的职业生涯中，我很幸运曾经拥有三种完全不同的成功领导经历。第一次是我在一家国际会计师事务所的经历，我被任命为 Touche Ross（现在是德勤会计师事务所）的执行合伙人，当时我年仅 37 岁。接下来，在动荡的 20 世纪 80 年代，我成为了宾夕法尼亚大学沃顿商学院的院长，并且在这个职位上工作了 7 年；另外，我还给 MBA 学员教授领导力方面的课程。最后，从 90 年代开始，我就管理帕尔默集团，这是一家私募投资机构，公司的目标是"享受乐趣并做一些有意义的事情"。迄今为止，我们所有的投资都是成功的。

杰克·韦尔奇，通用公司具有传奇色彩的前任 CEO，曾经告诉我，对于一个人来说，能够在他的职业生涯中经历三种完全不同的重要事业，这是非常引人注目的。这给我带来的优势就是，三种职业生涯的每一种都教会我理解不同组织环境对领导力的不同需求。

我在沃顿商学院任职的最后一年，一次经历间接令我作出了撰写这本书的决定。来自一家著名商学院的同行来拜访我。他们告诉我，他们计划设立一个领导学院。这些人知道我在沃顿教过领导力方面的课程，并且知道我在几个月之后就要离开沃顿了，因此他们来问我一些教授领导力课程的想法。但是我知道，他们根本的想法是看看我是否有意加盟他们那家新学院。

我问他们对他们的领导学院有什么计划，他们看着我，似乎觉得这是一个没有见地的问题。很明显，领导学院就是要"培养杰出的领导者"。"这是一个高尚的目标，"我说，"我想你们应该有一套追踪体系来看看这所新学院是如何有效实现这个目标的。"他们说他们并没有特别致力于该问题，尽管那是当然需要考虑的问题。

接下来，我让他们告诉我学校打算招收的学生的背景要求。这是他们对这所学校的总体运作有着概要性认识的领域。他们说学校将会招收从高中毕业生到大学毕业生等各色学员。学生需要提交申请，然后学校的管理机构就会评定他们的等级并决定是否招收他们，但是，任何申请该学校的学生都可能会被招收。当我问他们如何判断他们准备招收的学生的潜在领导能力时，他们说他们并不打算这样做。设立这所学院的教师不希望根据学生的领导潜能来将他们分级从而歧视那些希望进入学校的学生。他们认为学校仅仅应该使每个人成为更加优秀的领导者。

"你们如何协调这两种目标？"我问，"你们如何将你们方才提到的原则——招收每个申请人并提高他们的领导能力——与培养杰出领导者这另一个目标结合，并且追踪他们未来如何发展？"他们回答这也是他们需要考虑的一个问题。

事实上，我已经决定不再去其他学术机构工作了。但是，即使我决定继续在学术机构工作，这也不是我所追求的机会。对我来说，他们对领导力的观点并不是建立在我在 Touche Ross 经历过的市场环境的激烈竞争或者是对沃顿商学院的院长职位的特定需求之上的。

在我打算离开沃顿并计划以企业投资者的身份开始我的第三种职业生涯时，这一经历一直困扰着我。我看到了他们对领导力的理解和我的理解之间的差异。我认为，作为一名领导者和一名教师，我已经具有足够的经历来使领导力成为一个体系，以帮助当今和未来的领导者。我得到了很多真正意义上的领导者的大力支持，他们对本书提供了巨大的帮助。我们对领导力的观点是多么令人惊讶的一致。本书就是我们的成果。

作者简介
ABOUT THE AUTHOR

拉 塞尔·帕尔默是帕尔默集团这个设在宾夕法尼亚州费城的企业投资机构的主席兼CEO。在成立自己的公司之前，他担任了7年沃顿商学院的院长职位，而在此之前，他担任了10年Touche Ross会计师事务所（现在是德勤会计师事务所）和咨询机构的执行合伙人兼CEO。他在成为Touche Ross的CEO时年仅37岁，是"四大"会计师事务所历史上最年轻的CEO。

在经历了27年的会计师和咨询顾问的职业生涯之后，帕尔默先生成为沃顿商学院的院长。作为第十任院长，以及第一任来自私人企业的院长，他在自己开设的领导课程中和MBA学员们分享自己的管理经验。他非常有艺术性地吸引了超过100位新教师加盟学院，开设了新的高级经理培训课程，并且为学校筹集了超过1.25亿美元的资金。当他退休的时候，沃顿商学院已经被公认在本科商务教育中排名第一，并跻身于MBA教育前三名。

在如今的帕尔默集团的职业生涯当中，他已经收购了超过30家机构，大部分都是教育领域的。所有的这些收购都是成功的投资，其最近一次脱手的是一家私人学校集团，销售价格达到1.2亿美元。

帕尔默先生在外部商业社团中也很活跃，他为12家纽约证券交易所的会员机构提供服务，包括美国霍尼韦尔国际公司、弗莱森电信公司、五月百货公司、固特异轮胎公司以及以色列伯利恒钢铁公司（Bethlehem Steel Corporation）。他是宾夕法尼亚大学的名誉理事，是国家立宪中心的理事，同时还是史密森尼国家博物馆委员会的委员。

帕尔默先生以优秀毕业生的身份毕业于密歇根州立大学，拥有文科学士学位，并获得多个荣誉学位。他撰写了大量作品，并且四处演讲。他的文章和评论经常刊登在《商业周刊》、《纽约时报》和《会计师之家》等知名刊物上。

致谢
ACKNOWLEDGMENTS

当我开始着手编写这本书的时候，并没有意识到本书的完成需要如此多的人来帮助，但是，我很幸运地得到了大家的帮助。事实上，完成本书的编写是一件非常愉快的事情，因为我能够和一群我所熟悉和尊敬的人合作。

穆库尔·潘迪亚（Mukul Pndya）是 *Knowledge@Wharton* 的执行董事和主编。他对本书的帮助作用是不可估量的。他为本书进行研究，收集材料，对人物进行大量访谈，并且在我转录录音带的时候帮助我释义，以便我能更清楚地收听。这是一个多好的工作伙伴！

赫伯·阿狄森（Herb Addison）是本书的编辑，也是另一位优秀的伙伴。随着我们合作的深入，我对他日益尊敬；另外，当我和发行人员提到我和他一起工作的时候，他们非常震惊地说："你和赫伯·阿狄森一起工作啊，他可是牛津大学出版社（Oxford Press）的前任主编呢，现在是一位自由作家。"我并不知道自己在和这么出色的人物工作。

对本书作出贡献的那些人是很棒的。他们花费了相当多的时间来做访谈，这对于我来说特别有意义，不仅因为他们乐意作出贡献，而且有时候我能够称他们为我的朋友。

杰瑞·温德（Jerry Wind）和迈克尔·尤西姆（Mike Useem）不仅对本书作出了贡献，而且同意阅读本书的草稿。他们的见解和评论对本书的一些重要改动是非常有帮助的。

我非常感谢我所有的同事，他们乐意花费一定的时间来讨论我在 Touche Ross、沃顿商学院以及我目前公司中的经历。这些同事有约翰·盖德尔（John Keydel）、汤姆·普立史比（Tom Presby）、卡尔·格里芬（Carl Griffin）、杰勒德·佛郎索瓦（Gerard Francois）、比尔·布鲁克斯（Bill Brooks）、戴夫·鲁宾斯坦（Dave Reibstein），等等。

我要特别感谢我曾经的忠实助手吉恩·德雷克（Jean Drake），她在我们启动这个项目的时候提供了很多想法，以至于即使我们不写这本书也有很多可以进行的工作。她为所有的草案进行分类整理，有时甚至不得不为我进行多次整理。

当然，还要感谢我亲爱的妻子温蒂（Wendy），她是我的支持者，并且在本书完成的全过程给了我很多帮助。

非常感谢你们！我做到了最好，并且希望本书能真正反映你们所有人出色的努力！

目录
CONTENTS

第**3**部分
Part Three

对领导力更加广泛的见解/161

第 1 部分

揭开成功领导的秘密

第 **1** 章 领导原则：
成功领导的基本原则
Chapter One

世上没有单一且有效的领导方式。尽管每位领导者的领导方式不尽相同，但是，在他们有效的领导中总是存在一些基本原则。本书就是关于这些基本原则的。

与此同时，本书也描述了作为领导者可能犯下的最大错误，即没有理解在管理过程中应将这些原则进行变通以适应特定环境的重要性。在某种环境中对机构发挥良好作用的领导方式，如果不假思索地应用在其他环境中，就可能会带来一场灾难。这里说的环境是什么意思？

在这里，我所说的环境不仅仅是指领导者们所管理的组织结构的实体环境，还包括他们进行运营中所面临的其他外部环境。举一个例子：拉里·博西迪，美国霍尼韦尔国际公司的前任 CEO，在被问到如果由他主持由众多 CEO 组成的企业圆桌会议以求为政府的商业政策提供建议，他将如何进行处理的时候，如此说道：

> 适合于甲的不一定适合于乙。换句话说，会上 CEO 们进行讨论，他们可能会从自己的经营角度出发，提出相对有利于自己的观点。我就遇到过这种情况。然而，你可以这样说："这次企业圆桌会议的目的之一就是要影响立法，如果大家各自以自我为中心进行提议，被制定出来的法律肯定会对整个商业产生影响。虽然对在座的每一位来说，这部法律对各位的公司可能不会产生影响，或者产生轻微的积极影响，但是，对在座的整体利益而言，这部法律将会使其全面受损。"因此，你需要呼吁大家进行严肃且具有逻辑性的思考。会议结束的时

候，你不会自动获得大家的一致同意，但是，你还是要对大部分参会者该怎么做提出建议。

博西迪知道自己不能像在自己的管理机构那样简单地下命令——事实上，即使是在霍尼韦尔国际公司里，他也不会命令别人，除非不得不这么做。他必须对其他CEO们的利己主义保持一种敏感性，并且找出一种能让大家达成共识的理解。

本书的潜在主旨就是，要想获得成功，领导者必须理解和应用这些领导原则，同时，要在各自不同的环境中形成适合于自己的原则。简单地说，如果领导者能够将领导原则与其所处的环境结合在一起，将会带来有效的管理效果。尽管这个道理看起来非常浅显，但是，我还是见过很多有能力的领导者未能理解这个道理，从而不能按照有效领导的需求来引导自己管理的机构。

下面是我的一段亲身经历。在我成为沃顿商学院院长之后不久，我们设立了一个叫做卓越计划（Plan for Pre-eminence）的规划（我会在后面的章节中详细介绍这个计划）。这个规划的目的在于使沃顿商学院成为美国顶尖的商业学院，并且这个规划也包含很多要素，比如说，包括从世界各地的顶尖学府中招聘优秀的大学教师（最终我们在七年之内招聘了超过100名优秀教师）。这个规划还涉及多方面的工作，包括修订MBA的课程，积极地进行筹款融资，不断地改造并形成我们的高级经理培训课程（Executive Education），建设新的教学设施以及其他准备工作。为了使这个规划获得成功，我们需要校园里的每一个支持者——教师、职员、学生、校友等——共同努力来实现目标。

让学生支持这个计划并不是一件容易的事情。如果你愿意的话，你可以仔细考虑一下，那些决定中断两年职业生涯以获取MBA学位的人，他们会处于一种什么样的境况。大部分人要暂停工作两年、推迟获得薪金的时间，以求获得这个学历，并且，他们还需要支付昂贵的学费。最后留在这些人脑海中的就是这样一种印象：一些新任教师不断地介绍新计划——但是他们并不很乐意为了支持该计划而干扰自己忙碌的学习和面试安排。他们有自己的目标——获得高学历并找到一份能挣钱的好工作——这才是在沃顿商学院学习所要实现的目标。为什么说这个卓越计划对他们来说是很重要的呢？

我们不得不让学生相信这个计划是非常重要的，以及这个计划是能为他们现在和将来的利益提供帮助的。我通过定期和学生们讨论这个计划来达到该目标。在我们的谈话中，我会按照这种思路来展开："在你追寻自己的职业生涯的时候，学校的声誉有多重要？如果你是从哈佛、斯坦福或者沃顿商学院毕业，这是否要比你从那些名气没有这么大的学校毕业要好？在接下来的生活中，当人们问你是在哪里上学的时候，他们会根据你上的是否是好学校而对你作出一个初始判断。如果能使得沃顿商学院成为顶尖级的商业学院，那么，这将会成为在座每一位以及已经从沃顿商学院毕业的每位毕业生的一种终身优势。"

逐渐地，经过多次讨论之后，和课堂中学习到的很多知识及道理一样，学生们认识到沃顿商学院的声誉对每个人的将来都起着关键性的作用。他们理解了支持卓越计划的重要性，以及他们如何从该计划中受益。学生们的目标和学校的目标达成了一致。学生们的态度转变了，他们不再对这个计划存在思想负担，这就使得我们学校更加容易实现这个战略目标。

这仅仅是一个说明改变能够产生什么效用的一个例子。领导包括多方面的任务——但是，其中最重要的一个就是变革。这也是在所有机构中最难实现的一个任务——因为经过一段长时间的发展，信念、习惯、过程和环境等要素已经变得根深蒂固了。一般来说，只要变革对人们没有影响，人们是不会介意变革的；但是，如果变革影响了他们的工作、生活或者是他们已经习惯的模式，那么人们就会不喜欢变革——并且会强烈地抵触变革。

领导者如何才能进行变革？他们可以通过向支持者们承诺以实现一定程度上的变革。领导者们通过使组织成员确信变革能给他们带来好处来获得支持。换句话说，员工们必须相信，当他们主动支持变革的时候，变革就会给他们带来巨大且实在的利益——通过晋升、奖金或者是工资的形式——即使这些收益不会立即产生。如果变革仅仅是领导者的一时兴起，那么他们是不会支持这些变革的。明智的领导者同样也不会采用威胁的手段——"如果你不按照我说的去做，你就会被解雇。"在组织结构的改造过程中，消极、令人恐惧的方式不会像得到一致赞同且充满热情的方式那样长久有效。（一位 CEO 经常告诉他的下属说，他希望他们充满激情，否则他们将会因为没有激情而被解雇。）

作为一名领导者，当你在非危机时刻引进变革的时候，首要的事情就是要认识到尝试让组织进行变革就像不使用任何工具来拆毁一堵砖墙一样。如果你马上就要这么做的话，那么，你所换来的结果就是手臂的疼痛和指节的流血——但是墙依旧屹立不倒。正确的方式应该是等到有一块砖出现松动的时候，把这块砖推倒，再接着寻找下一块砖。你会发现，在这种情况下，事情就会比在其他情况下进展得快得多。要成为一名成功的领导者，你必须抓住变革的机会——而不是努力尝试去改变一些还不具备条件的事情。

如果你专注于一些难以改变的事情，那么最后只能由于失去动力、产生困扰，或者是引发"动荡"而放弃。在变革中，你不能处于一种过于超前的位置，你要知道今后将会发生什么事情，需要进行什么工作；如果你过于超前，就会陷入困境。你必须和你的组织一起前进，这样同事们才会全面支持将要发生的事情。另一方面，领导者也可能会在将要成功的瞬间引发一场危机。在本书后面的章节中，我们将会用大量的例子来讨论这个问题。

① 1.1　本书的目标读者

这本书是为所有领导者或者希望成为领导者的有抱负的人们所写的。我所列举的领导原则在各种类型的组织中都能发挥作用，包括制造企业、高科技企业、基金公司、艺术团体、政府部门、军队、合伙企业、服务性公司、金融机构、教育机构等。

在本书中，我描绘了当今机构中可能会遇见的各种环境和状况，并且，我针对每一种状况都提出了最适用的领导方式。但是，读者不能直接套用这些模式，因为本书所描绘的组织环境和读者现实中所处的组织环境并不是完全吻合的，这些方式不一定具有针对性。在本书中描绘的很多组织环境和众多企业所处的环境是非常类似的，并且，它们所适用的领导方式在本质上也是相同的。我论证过，在 21 世纪，没有什么行业与机构所采用的领导方式和本书讨论的方式是大相径庭的。

本书的核心观点通过大量知名领导者的讲述而得到强化。他们被邀请来告诉我们他们对领导力的观点，并且和我们一同分享他们的领导经验。这些领导者包括美国霍尼韦尔国际公司的前任 CEO 拉里·博西迪，我们在前面曾经提起过；还有现任 CEO 兼主席，大卫·科特。还有小林阳太郎，富士施乐公司的主席；凯利将军，美国海军陆战队的前任司令；埃里克·辛塞奇将军，管理美国参谋长联席会议（the Joint Chiefs of Staff）并带领美国军队给波斯尼亚带去和平的领导者；乔克·麦克曼，缅因州（位于美国东北角）的前任州长，现在是匹兹堡（美国宾夕法尼亚州西南部城市）美国教育管理公司的主席；马蒂·埃文斯，当时海军的最高女军官，后来成为红十字会的领导者；约翰·迪里欧，宾夕法尼亚大学的教授，并且是耶稣神学的专家，曾经是乔治·W·布什总统的 Faith-Based and Community Initiatives 计划（一项专门扶持宗教公益组织的计划）的领导者；汤姆·埃利希，宾夕法尼亚大学的前任教务长，印第安纳大学的前任校长，同时也是斯坦福大学法学院的前任院长；尤里埃尔·瑞奇曼，曾经作为以色列军队的军官参加过战斗，后来成为以色列贺泽利亚法政中心（Herzlizya The Interdisciplinary Center）的创始人；雅各布·沃伦伯格，来自瑞典知名的银行世家，现在是 SEB 集团（瑞典银瑞达集团）和 W 资产管理公司的股东会主席；还有维吉尼亚·克拉克，史密森尼博物院（Smithsonian Museum）的外事负责人。另外，你还会看到一些我在 Touche Ross、沃顿商学院和帕尔默集团过去或现在的同事。他们都将会展示他们对领导力的看法和观点——这么做的共同目的在于：帮助你更加深入地理解领导力的原则和内容。

在本章，我将会简单地介绍成功领导的本质原则。在接下来的章节，我将会介绍不同环境下领导者们将如何运用这些基本的领导原则。

1.2 成功领导的基本原则

无论组织形式是什么，作为一位领导者必须掌握并且运用以下原则：

■ 领导者要时刻保持正直，这是领导的基础。追随者们希望他们的领导者无论于公还是于私都能坚定不移地保持公正和正直。

■ 无论环境如何，领导原则基本上都是相同的，但是，其执行方式会随着环境的改变而改变。也就是说，执行是领导力在不同环境下的广泛延伸。

■ 在平常时期，领导者应该利用已具备变革条件的机会快速作出反应，而不是尝试去针对那些自己知道将会受到更大阻力的情况，尽管以后这些阻力区可能会更加有利于变革。

■ 在危机时刻，领导者必须走在追随者的前面，并且为了解决组织面临的威胁，能够时常在不能达成一致的情况下不加解释地迅速作出艰难的决策。

■ 领导者的终极目标就是释放追随者的潜能，这不仅会使追随者受益，同时也会使整个组织受益。

■ 在当今全球化的市场环境中，领导者必须在全组织范围内培养创造力，这就意味着要聆听员工的意见，要给他们提供广泛的实验、犯错误、改进开发新产品和服务的机会，这样组织才能在时刻变化的竞争环境中获胜。

■ 领导者通过寻找追随者们的目标、需求和愿望来动员追随者，并使他们相信领导者是真心帮助他们实现这些愿望的。同时，为了实现组织目标，领导者必须要使追随者的个人目标和公司的整体目标——如战略计划——保持一致。

■ 作为一名领导者，最重要且最关键的特征就是具有卓越的判断力。这是与生俱来的，而不是后天学会的，尽管它可以通过成长的经历不断加以成熟和完善。

■ 作为一名领导者，必须在其追随者当中树立信心。就像一名教师一样，领导者必须传递一些高层次的期望，然后确保他的追随者们树立信心去实现这些期望。

■ 领导者必须全面考虑且认真给予追随者们合理的和无形的回报以激励他们。例如，在战略的执行过程中，薪酬体系和战略计划匹配是非常重要的，且不能与股票收益或预算相排斥。

■ 领导者在领导的过程中不能脱离整个团队。作为一名领导者，他应该具有超前思维，但是，同时也要紧密地领导追随者，这样他们才能理解所发生的事情及其原因——否则，他将会面临着领导目标和自身期望脱节的情形。

■ 领导者必须将其领导目标和整个组织分享——理想的情况是单独和每个人进行分享，至少将他表达的意思书面化，并分发给每个人——因为沟通是有效管理组织的关键。

■ 领导者就像一种象征，在整个组织的各个层面上被追随者们感知和认同。因此，领导者必须迫使自己采取恰当的行为。他必须要成熟。

■ 在大部分环境下，业绩间的主要差别来源于领导。人们会认为规则、出色的营销、追求第一、先进的管理工具和程序如六西格玛等，是组织的关键区分要素。这些要素对业绩都会发挥作用，但是，区分成功组织和失败组织的关键因素却是领导。

在后面的内容中，在我介绍组织环境是如何影响领导原则的应用方式的时候，我会重新回顾这些领导原则。

⟳ 1.3 本书的结构

本书将会围绕领导者们最可能遇到的环境来展开。这并不意味着本书涵盖了所有的组织环境——也并不意味着本书涵盖了所有的风险——而是提供了不同的模式来帮助你在本书没有提到的环境中灵活应用领导原则。

前两章将会对领导的基本原理进行总括性的介绍。第 2 章的主题，"领导力的多种内涵"，说明了很多领导者通常没有意识到他们在不同的经营环境中要采用不同的领导方式才能获得成功。在该章中列举的一些重要内容，我将会在后面的章节进一步展开论述。

第 3～第 9 章属于"把握领导力的内涵"这一部分，这是本书的核心，它讲述了为了获得成功，所有领导者都应该认识到的内容。具体来说，第 3 章，"自上而下型的组织：模仿这种组织并不简单"。即使是一位来自等级分明的典型官僚主义机构且实力雄厚的领导者，在这种组织环境里，他也很快就会发现，处理组织与外界的关系通常需要比扁平化组织使用的方式更具合作性。在这一章，以及在所有属于"把握领导力的内涵"的章节当中，我将会把上述提到的领导原则恰当地进行安排，并加以讨论。

第 4 章，"合伙式的组织：领导你的合伙人"，将会把你带入一个和实力相当的同行进行竞争的不明确的环境中。你也许会认为，最大的挑战莫过于和其他领导者一起合作以实现共同的目标。我将会提出一些方案来应对这种挑战。

我相信，有效领导对组织的成功来说通常是重要的，而有效的领导在危机时刻则是绝对重要的。在第 5 章，"危机中的组织：化危机为机会"，我论述了领导者需要将危机看成机会。不错，危机是一种威胁，但是，不管你遇到的环境有多复杂，它也为根本性的组织变革提供了一个平台，帮助组织转变成一个有力的竞争者。

认识到组织变革的必要性是不够的。你必然经常会面临来自组织文化的反对，它将变革视为一种威胁。在第 6 章，"组织变革：转变组织文化"，我描述了两种主要的变革——在一个独立的组织中变革，以及在两个不同的组织合并过程中发生的变革——并给出了一些方法，让你可以再次确保那些带抵触情绪的员工去接受变革，使他们更加害怕不再变革，而不是害怕面对改变后的环境。

对于企业领导者来说，他们还面临一些特定的挑战，在第 7 章，"企业式组织：和他人分享你的愿景"，我提出了企业家处于一个独特的地位：他们是孤单的。他们可能会有投资者、咨询顾问等，但是，他们是决策的制定者，并且通常要迅速作出决定。这就使得企业家可能要快速地执行任务。这就是为什么企业环境为领导力的培养提供了肥沃的土壤。但是，风险在于企业家可能会试图自己全盘处理，而不是培养一批可以信赖的伙伴来分担决策的重担。

非学术界的领导者经常会认为学术界的领导者处于象牙塔中，没有什么现实有用的东西可以传授。我认为这种观念是大错特错的，在第 8 章，"学术机构：学习沃顿的经验"，我描述了学术界的领导者是如何和其他领导者一样面对同类型的挑战的——部分是根据我的实际经验。他们作出的反应对非学术界的领导者提供了有价值的经验和教训。

即使是在你自己的组织当中，组织环境和内容也是各有不同的。在第 9 章，"民族文化和环境：在全球经营环境中领导"，我描述了在全球化的组织当中，领导者必须理解文化和社会规范所发挥的特殊作用。在某些文化环境中发挥作用的领导方式，在其他文化环境中可能就会变成不利方式。

在讨论了领导者实践领导原则可能需要面临的不同环境之后，在第 10 章，"领导力的核心：激励员工"，我将会回过头来讲述每个领导者都必须具备的最重要的品质：激励员工的能力。最后，在第 11 章，"综合运用领导原则"，我会回到领导原则这里，并讲述如何根据不同的环境来区分应用。

1.4 领导 vs. 管理

我通过一本有关领导力方面的书中的一个重要问题来总结这一章：管理和领导之间有何区别？再一次，让我们听听拉里·博西迪是如何说的，而这也是我所认同的：

> 管理和领导之间存在差别。管理是通过组织、计划和执行这些行政技能来使事情得到解决的艺术。领导也是这样一种艺术，但是它更具激励性，更有梦想的色彩，并且对领导者的个人魅力具有更高的要求。换句话说，管理是经营，而领导是梦想、战略和激励，每一项都要求具有一系列的特征。

这并不是说一个经理不能立志成为成功的领导。事实上，大部分领导者都是从组织的经理成长起来的。他们在当时也是领导，只是没有领导的平台而已。但是，要想成为有效的领导者，你必须超越管理的要求，并且展示一个真正领导者应有的特质。

这就是本书的目的，即帮助你成为成功的领导者。需要声明的是，我的目标不是提供"一分钟学会管理"一类的工具，而是要基于你已有的技能，通过让你意识到在不同的环境下如何运用领导原则，来使你的技能变得更加成熟和完善。

小 结

■ 为了使你的组织更加有效，你必须掌握领导的基本原则。

■ 只有当你能在不同环境中灵活应用领导的基本原则，你才能在所领导的庞大任务上取得成功。

第❷章
领导力的多种内涵
*C*hapter Two

作为一名领导者，其可能犯的最大错误就是没有理解这样一个道理，即自己的组织机构中适用的原理在其他环境下可能是完全不适用的，这应该是管理者的责任之一。我曾经见过一些非常善于构建自己组织的领导者，当他们领导其他类型的组织时，却败得一塌糊涂。

为什么会发生这种情况？这将是本章所讨论的主题。我将会描述大量不同的领导类型，并且简要地概括这些领导者所面临的特定挑战。每一种环境都会要求领导者采用不同的方式，因此，我将对每一个案例提出最合适的解决方式。我要再一次指出，这些要点并不意味着完全适用于所有的情形。我期望大部分读者能够识别出自己的组织机构属于我所讨论的哪种类型。各位读者仅需要牢记：无论你的组织机构最适用哪种领导类型，只要你处于现实的环境中，你就会发现，无论何种原因，无论在我所描述的何种类型的组织中，这些领导方式可能暂时或长期看来都发挥不了作用。

🔄 2.1　指挥和控制型组织

是否存在指挥和控制型领导力？从指挥和控制这个词最本质的含义来看，可能是不存在的。但是，总有这样的行业，它们的董事会会紧跟着最高领导者的脚步展开经营，以达到预期的目标——或者没有实现预期的目标。这种领导者总是习惯于权力的最大化。权威是自上而下传递的，这种组织在发展过程中经常会缺乏坚实的基础。趋向于这种经营模式的行业通常包括汽车、国防军工和基础设施。但是，这种领导类型也可能盛行于其他行业和机构中，而且，如果你身在其中，你应该很容易就会知道。

在我的经历当中，在指挥和控制型组织中培养起来的领导者通常最难适应更加具有挑战性的组织经营环境。在领导者跳槽到学术界、政府部门、合伙制企业，或任何一种需要采取大学式的合作方式，而不需要一种"这样做，并且马上动手"的思想的组织当中的时候，这种情况就会变得格外突出。

在当今的全球经济环境中，在以外包和离岸经营等趋势为标志，且该趋势日益盛行的经济环境中，指挥和控制型组织通常以军工行业等旧体制及其官僚主义的领导类型的残余形式而出现。在当今大部分的商业组织中，组织的层级变得越来越扁平化，说服是主要的沟通方式，而不是命令；权威开始不明确化——沟通通常在横向进行，而不是在自上而下的模式中发挥功效。尽管如此，旧的习惯难以更改，并且在某些情形下只有自上而下的方式才能达到预期的效果，这也是事实。

本章接下来讨论的自上而下的领导提供了一些例子，说明了自上而下的领导能够发挥良好的功效。但是，它们也有一些潜在的缺陷。举个例子说，像通用、家得宝（Home Depot）这样的公司，就曾经招聘过去的军官，并运用他们的管理方式来获得坚实的经营成果。虽然如此，这种领导方式的一个主要缺陷在于领导者有时候会逐渐变得傲慢、孤立，甚至和同事变得疏远起来。当这种情况发生的时候，就像众所周知的古希腊戏剧一样，傲慢天神（Hubirs）因反对众神而招致报复女神（Nemesis）的报复。

🔄 *2.2* 合伙式组织

领导一家合伙式组织需要大量的技巧和方法。从理论上说，在合伙企业当中，每一个合伙人都是平等的，但是，有效的管理要求在平等的主体之间首先任命一位领导者。这位被任命的领导者清楚地知道应该做什么，来使组织适应不断变化的环境。他所面临的挑战就是如何与其他合伙人沟通。被任命的领导者的任务就是在变化过程中通过各种方式使合伙人与组织融为一体。这种类型的组织包括国际上的四大会计师事务所、管理咨询机构、律师事务所、医疗诊所，以及其他主要由知识分子组成的合伙式组织等。

我的亲身经历教会了我很多在这种组织环境下应使用的领导方式。在 Touche Ross，即现在的德勤会计师事务所，还有沃顿商学院，流行的组织文化强调了平等而非自上而下的领导方式。在后面的章节，我还会进一步详细地展示，在 Touche Ross，成功的领导者必须要团结所有的合伙人，使大家统一思想，共同建立一个创新型的机构；在沃顿商学院，作为院长，我不得不团结所有教师和其他同事，使他们集中于同一个计划，以获得卓越的成绩。如果我采用独裁、专制的领导方式，那么就不可能获得成功。

任何领导这种合伙式组织的领导者，当面临其他需要使用大学式管理方式的情形时，他们就会获得一种优势。

2.3 企业式组织

在所有类型的领导者当中，企业家是独特的，也是孤单的。当然，他们和投资者及顾问们一起工作，不过他们是最终的决策制定者。这使得他们要迅速地作出决定，然后迅速地付诸行动。对于领导者来说，企业环境是一片肥沃的土壤。但是，企业领导者所面临的挑战就是利用他们的愿景，将投资者、顾问、客户、供应商和其他方联系在一起。这是一个协调的过程，也是企业家必须要付出的代价。

当企业家身处其他组织环境中时，如果环境要求采用大学式的领导方式，他们就要抑制由他们主导并作出决定的本能。

在离开沃顿商学院之后，我花费了大量的时间来建立对企业进行风险投资的帕尔默集团。正因如此，我与企业领导者们有着千丝万缕的联系——后面我将会和你们一起分享我所学到的经验以及我所犯下的错误，并且希望你们可以避免犯同样的错误。你们可以在第 7 章"企业式组织：和他人分享你的愿景"中获得更加详细的信息，但是我想说，企业领导者必须要学会的最重要的经验之一，就是要和适当的伙伴共同工作。深入了解与你共事的人——你会发现这种付出是有回报的。要避免犯的一个错误就是因耗费太多的时间而不能获得利润。作为一名企业家，你的目标应该是努力在合理的时间内尽快产生利润。

2.4 学术领域

说领导一群具有独立思想的教授就像放养一群猫一样，已经是陈词滥调的说法了。但是，这离真相已经不远了。教授们通常会决定应该研究什么，以及如何教授他们的课程，并且大部分教授都会认为他们没有老板。这就使得学术界的领导者，比如院长或校长，感觉到管理非常具有挑战性。我曾拥有这样的经历，我可以证明，作为一名学校的管理者，需要非常细心才能完成自己的职责。如果学校需要进行一场大变革，那么管理者们所面临的挑战就更大了。

尽管如此，一名成功的院长或校长从其工作中学到的经验和教训是可以应用在很多情况当中的。

2.5 圆桌会议和其他类似机构

领导者愈是成功，其愈可能需要为圆桌会议、行业协会、政府委员会和其他类似机构服务。在那里，他们不得不和其他组织的领导者们共同工作，但是后者并不会后退，以让其他人占据主动。然而，某些人通常会被指定为负责人。但是，要使得事情顺利进行，负责人不得不机智地领导这些各有主张的利己主义者们，使他们对议题达成一致。

曾作为这种圆桌会议负责人的领导者都通过了艰难的考验，他们已经锻炼并深化了自己的领导技能。

2.6 非营利组织

非营利组织的领导者会面临一种纪律，这种纪律和企业家们所面临的底线并不相同。他们要将支出对象和得到的捐赠物资进行平衡和协调。非营利机构包括慈善基金会、智囊团、艺术机构和慈善机构等。这些机构的领导者通常不得不花费大量的时间在融资上，这通常会要求管理者具有和企业家完全不同的领导方式。即使不必进行融资——比方说，在一个捐助颇丰的基金会里——最高领导者也需要和一群管理者合作，而这些管理者可能对基金会的使命和安排各持己见。非营利组织的运作通常要依赖于志愿者，而这些志愿者却并不认为自己是该机构的雇员，因此时常会我行我素。此外，我不是要以偏概全，但是，一些志愿者们在某些时候确实会有些不切实际的想法。对于领导者来说，所有这些情况都会使得管理一家非营利组织变成一项艰难的挑战。

2.7 军事机构

军事机构的领导类型和自上而下的组织机构的领导类型类似。命令就是命令。然而，它们之间的明显差异就是，在军事机构当中，生命是处于危险状态中的。在美国的军队中，战术决策将会逐级传达至战斗指挥者，而战斗指挥者必须根据战场时刻变化的环境作出决定。最好的军事领导者明白他们必须制定目标明确的战略，然后就退居二线，由一线的指挥者运用他们的判断和决定来完成战略目标。另一方面，我通常会被这样一种事实所震惊，即高层军事领导者在需要的情形下会展现出惊人的政治技能和学术能力。也许这些技能已经发展为他们成功晋升和有效应对上级的不可或缺的能力。

军事领导者在工业和其他行业通常能迅速地获得晋升，从而成为领导者。

🕹 2.8 政府机构

政府部门的领导者和其他机构的领导方式几乎完全不同，因为最终，每个人都是你的老板。你是被雇用的，或者是被选举的，目的是执行公众的意愿。广泛地说，有两种类型的政府领导者：掌管选举部门的，以及领导政府部门、机构、委员会或其他非选举性政府机构的。在这两种情况下，领导者的角色都可能是不明确的。这是因为这两种类型的领导者都是普遍受到公众关注的。他们的一举一动都会受到公众和媒体的观注，当事情没有朝着预期的方向发展的时候，他们可能被要求到公共论坛上发表声明。

从政府部门转战到私营机构的领导者，在自信方面可能没问题，但是，可能由于过于谨慎和官僚主义而犯错。

🕹 2.9 手术室

手术室里的情景就是一种完全的独裁。外科医生主管着一切，没有人会质疑他的命令。当医生要求使用特定类型的手术刀的时候，旁边一同参与手术的人绝不会讨论这是否是恰当的器械。这可能是一种最纯粹的自上而下的组织形式。

我将这种机构包括进来的目的是要提醒你，在其他环境中，你不太可能拥有像外科医生那样的权威。只有当你是外科医生的时候，这种权威才会发挥作用。

2.10 危机中的组织

当一个组织机构处于危机中时，会议式领导规则就会被摒弃。此时的领导需要非常简明扼要。没有时间进行商讨以得出结论。领导者必须前进并且亲自统领。领导者需要拥有战略计划，但是没有时间让大家共同掌权，也没有时间进行授权委托。危机要求的是行动——迅速的行动——尽管它也要求在危机时刻保持冷静和镇定。但是，危机同样也可能转变成为一种机会。这是昭然若揭的，特别是在涉及对手时。你不可能完全清楚地了解你周围的人，除非你见过危机当中的他们。这可能是一种综合的经历。

一旦危机过去，领导者必须知道在什么时候放松手中的缰绳，放开控制，并且让权力顺着层级关系下放，这对组织长远健康的发展和培养未来领导者都是有积极作用的。

小　结

■　作为一名领导者，理解有效的领导类型需要随着环境的改变而改变，并且使自己的管理方式适应组织环境，是成功的关键。

■　成功的领导者可能未能理解到，适用于自己组织的领导类型在领导其他类型的组织时可能是不恰当的。当你需要在新环境中进行有效管理的时候，认识到这个现实，将有助于你转变领导方式。

■　本章为你展示了不同环境下的领导类型，并且讲述了每种环境下最适用的领导类型。

第2部分

把握领导力的内涵

第3～第9章将描述各种不同环境，这些环境要求领导者采用不同的领导方式，从而实现最有效的领导。我将讲述领导者应该采用的各种领导方式，他们可以将这些方式应用在他们的员工身上，使员工朝着既定的方向共同努力，使组织实现战略目标。

第❸章 自上而下型的组织：
模仿这种组织并不简单
*C*hapter Three

本章讲述一系列我认为成功领导者必须理解的组织环境。第 2 部分的每一章都会展现一种不同类型的组织，并描述该类型组织的运作，以及最适合采用的领导类型。在第 1 章"领导原则：成功领导的基本原则"，我列出了我认为能在本书所讨论的各种组织机构中发挥作用的管理原则。在各章节当中，你将会看到很多这样的场景，即这些领导原则的某一项或者多项是和所讨论的该种组织结构紧密相关的。注意：不要认为这是唯一适用的指导原则。事实上，它们在我所讨论的每一种组织中都是适用的。

每一种领导方式都有其潜在的缺陷，并且，有效的领导方式会要求你避开这些不足。我将充分指出这些不足，这样你就可以认识到自己朝着成功领导方向前进时将会遇到的潜在障碍。

作为一个组织的领导者，你会发现自己所承担的部分责任和在其他组织中担任领导者时所遇的情况是截然不同的。在某些情况下，当前所适用的领导方式在其他组织中也是适用的；但是，在某些情况下，当前所适用的领导方式对于其他组织是根本不适用的。下面我将讲述这两种不同的情况。

🔄 3.1　组织类型：自上而下型的组织

虽然许多组织都在致力于实现一种大学式的管理，但还是有不少机构采用的是典型的自上而下型的管理模式。从我自身的经历可知，采用这种方式的组织主要有以下类型：汽车制造商、国防企业、航空公司以及基建企业，它们的领导方式都是典型的"这就是命令，马上服从命令"的管理风格。除了这些类型的组织之外，你还会在军队以及像手术室那样的管理机构中发现自上而下型的管理模式。尽管我不能概括所有行业的领导方式，但是我发现，通常来说，在自上而下型的组织当中，领导者的管理方式看上去似乎都与其整体生产能力相适应。

自上而下型的组织的领导者通常都是非常强势的。作为一名强势的领导是一件好事，但是，即使是最强势的领导者，也不能命令全世界。在当今自上而下型的组织当中，最成功的领导者大多能够持续从外界吸取知识，能够定期为组织引进新人而不是仅从内部提拔，并且在管理层中能够拥有这样一种开放式的讨论环境：即使最终可能是由 CEO 来定夺，但是也没有人会因为强权而不敢发表意见。明智的高层领导者会按照"关联跳跃"的方式和员工进行互动，而不是和其直接下属互动。在避免直接入驻机构现场的情况下，大众论坛和会议通常都是和员工互动的好方式。

在自上而下型的组织当中，最重要的是 CEO 要在全公司范围内授权，这样经理们才能拥有自己管理的一片领域，并能够在该领域中作出自己的判断和决定，而不是时常猜测和揣摩领导的意图。在这种方式下，他们会因此愿意承担风险，而不是害怕失败。最高领导者需要做的就是培养具有这种特征的组织环境。

⚙ 3.2 自上而下型的领导：军事化领导

军事化的领导，正如我之前所描述的，通常都会以一种自上而下型的模式进行管理，那些聘用曾经的军事管理者作为企业管理者的工业企业也同样以一种自上而下型的模式运营。例如，在杰克·韦尔奇担任 GE 的 CEO 的时候，就成功地聘任军事人员，并将他们培养成为公司的领导者。"从军事机构到企业是很容易的，"他说："我们在招聘初级军官方面获得了巨大的成功。在我离开 GE 的时候，公司已经有 1 600 名军官在管理着公司。"杰克·韦尔奇在 2005 年 5 月访问沃顿商学院，并讨论他的著作《赢》［他和太太苏吉（Suzy）的合著］的时候，说了这些话。

罗伯特·纳德利（Robert L. Nardelli），GE 曾经的高管，在 2007 年 1 月辞去家得宝（位于佐治亚州的家居装饰零售连锁店）的 CEO，在亚特兰大也同样执行了这种战略。纳德利在 GE 负责经营交通运输事业部的时候就发现了初级军官的潜能。他发现，曾面临着在艰苦战斗环境中领导和激励士兵这种艰巨任务的军官们具备了领导 GE 的交通运输事业部发展所需要的基本领导技能。

结果是，当纳德利离开 GE ［在杰夫·伊梅尔特（Jeff Immelt）上任，成为杰克·韦尔奇的继任者之后］加入家得宝的时候，他在那里也复制了这样的管理模式。正如 *Fast Company* 杂志的一篇文章[1]所提到的，公司在 2004 年的储备领导力计划中吸收了 340 名军官。这与过去是不同的，过去家得宝的大部分后备领导者都是五金器具方面的行家。现在拥有 2 000 家连锁店的家得宝公司，当时是从军队的退伍介绍会招聘初级军官的，然后对他们进行为期两年的领导培训，目的是培养他们在经营和企业管理方面的技能，然后让他们经营销售额约 4 000 万美元、拥有 150 名左右雇员的商店。

讽刺的是，纳德利在 2007 年年初离开家得宝的同时，也揭示了自上而下型领导方式的一些缺陷，我将在本章进一步讨论这些不足。根据一些观察者的说法，纳德利在家得宝的董事会当中逐渐和他的支持者疏远了，包括那些曾聘他来管理公司的人。巴里·亨德森（Barry Henderson），T. Rowe Price（总部设在马里兰巴尔的摩的共同基金公司）的证券分析师，在在线管理期刊 *Knowledge@ Wharton* 上说："纳德利在家得宝犯了两大错误：他疏远了员工，并惹恼了股东。"然而，区别纳德利的政策和他特别的管理类型这二者之间的差异，是很重要的。总体说来，他的政策开始使家得宝有效运作起来，但是，大部分坚持自上而下型的领导者们也不得不认识到他们所领导的企业的人事动荡。

正如 *Knowledge@Wharton* 所报道的，"家得宝的文化在零售业当中是独特的，"亨德森说道。他是这样描述家得宝的企业文化的：在纳德利上任前"极具企业家特性并且相当关注客户的需求"。纳德利关注于整顿家得宝的企业运作流程，实际上这并非没有必要。但是，他仍"过度关注"经营流程，并且完全不理会家得宝和其他企业所不同的特性。纳德利对在家得宝长期工作的管理层非常不满，并将他们解雇，然后引进 GE 的部分员工。他同时还增加了缺乏专业知识的兼职员工的数量，这使得公司的一大优势，即优质客户服务逐渐消失。从其任职开始，到他 58 岁，纳德利"毁灭了员工的士气，并且他被认为是家得宝企业文化的实质性威胁"，亨德森说道。[2] 在 2007 年 8 月，纳德利被任命为克莱斯勒汽车公司的 CEO，这给他提供了验证其领导技能的又一个机会。

尽管纳德利从家得宝离开了，但是，公司依靠那些军官所建立起来的自上而下型的领导方式还是有一定的价值。据韦尔奇所说，当一名军官使商店经营走上正轨的时候，下一步就是给他一个管理的空间。"当你派一名军官到亚拉巴马州的托斯卡纳或者其他地方去经营商店的时候，"韦尔奇说："他们不会告诉你，'我不想住在那里'（他们在职业生涯中已经搬了很多次家了）。这些人就像是被派遣到伊拉克参加战斗一样，因此他们不会过多考虑地理位置的问题。如果你聘请的是 MBA，那么他们可能会希望生活在纽约、波士顿或者旧金山；他们会更加挑剔。所以说，雇用这些从军事学院毕业的激进型初级军官是不错的选择，他们的适应性很强。"

另一个应用自上而下型领导方式的成功例子，是韦尔奇的一位门徒拉里·博西迪在 1991 年年中离开通用电气之后加盟美国联信公司所带来的变革，而他当时已经是 GE 信贷公司的 CEO 了。美国联信公司，在 1999 年 12 月与霍尼韦尔合并之后，更名为美国霍尼韦尔国际公司。

美国联信公司拥有一段非常有趣的历史。在第一次世界大战之后，德国控制了世界上很多化工厂，这使得美国在染料和化工原料方面非常匮乏。对此，尤金·梅耶（Eugene Meyer），《华盛顿邮报》的发行人，帮助威廉·尼科尔斯（William Nichols）这名科学家并购了美国 19 世纪 80 年代成立的 5 家化工原料公司，建成了联合化学和染料公司（Allied Chemical and Dye Corp.）。这家公司后来扩展到生产氨类产品，然后生产尼龙和制冷剂，后来在 20 世纪六七十年代，它又开始进军石油和天然气行业。联信和联合化学和染料公司在 1985 年合并，因此它们在航空航天、汽车和发动机产品等领域的实力得到了实质性的增强。[3]

博西迪认为，领导者要想获得成功，就必须学会并擅长三件事情。"你必须擅长制定战略，必须擅长与人们相处和沟通，并且还必须擅长经营，"他如此说道。当他来到联信公司位于新泽西州莫里斯镇的总部的时候，他深感惊诧。正如他所解释的，"这三大要素在联信公司都在运作，他们有战略计划，有人员激励措施，还有经营方针或预算——但是这些要素的执行力度不够。这三大要素没有像需要的那样渗透到企业经营的深度。"

博西迪很快就进行了推动——努力地推动——使这三大要素的执行更加到位，更加严谨。"和以前相比，我们的战略计划更有深度，"他说道。"我们更加直接地激励员工，并且坚持了 3～4 年的时间来建立这种氛围，而不是像以前那样用一张上面什么实质内容也没有的证书——这种我所谓的奥林匹克式的激励方式——来激励员工。因为这种方式的特点是模糊失真，并且我们没有正确地评估员工的奉献，因此我们不能区分哪些员工的贡献多，哪些员工没有那么积极投入。预算和战略计划、激励措施并没有什么联系——它们只是一系列没有计划的数字。因此，我们要更加深入地研究它们，更加深刻地理解它们的作用，并且更加深入、彻底地将它们应用到经营过程当中。我们要改变公司的文化。"

博西迪在这三个领域上的专注和投入为联信公司带来了巨大的

回报。他在霍尼韦尔国际公司网站上的个人简介中如此写道："在联信公司的任职期间，公司的收益率和现金流取得了稳固的增长，连续 31 个季度以来公司的每股收益都保持着 13％甚至更高的增长率。"

很多军官都能够成功地转型进入商界成为优秀的领导者，这一点毋庸置疑。他们在军队中所受的领导训练为他们在商界成为出色的领导者打下了坚实的基础，并且，在成为军官之前，他们也是由于卓越的领导潜能而通过严格筛选被挑选出来的。

辛塞奇将军，在 1999—2003 年间担任美国陆军的第 34 位参谋长，是第一位作为美国陆军最高领导者的日裔美国人，他对军队的领导模式具有独特见解，这也是他能够成功转型成为企业领导者的原因。他认为，成功的领导者应该具备以下六大品质：崇高的道德价值观、无私的忘我精神、优秀的沟通能力、决策力、热情和自信。"所有卓越的领导者都具备这些共同特征，"辛塞奇将军说道。"组织能够帮助锤炼这些特质。优秀的领导者能够运用这些特质来组建团队，乐意通力合作，并且能够使员工有效开展工作。他们具有长远的发展宏图，并能使整个团队围绕在其周围，以实现他们的远大宏图。"

辛塞奇将军解释说，组织结构决定了不同环境下的领导类型。例如，对于组织的底层来说，领导方式可能就是自上而下型的，并且需要更多的指引。但是，当你晋升到组织的高层中时，领导方式就会没有那么强的指引化，而是体现出更多的合作。尽管在平常的环境中合作型的领导方式能够运作良好。但是，在危机时期，这种领导方式可能就会成为一种障碍。"在平常时期，你可以承受大范围的合作化的领导方式。但是，在危机时期，你不得不将领导方式从合作型转变为指引型。"辛塞奇说道。

尤里埃尔·瑞奇曼，以色列贺泽利亚法政中心的创始人兼总裁，认为军队的领导需要个人勇气，这就非常适合于需要采取自上而下型领导方式的组织。特拉维夫大学法学院的前任院长瑞奇曼，在 1973 年 10 月 9 日的赎罪日战争时期就是以色列军方的军官。"现在距离我担任伞兵指挥官已经很久了，我可以告诉你，在我领导战士们作战时的最大感触就是害怕自己的恐惧，"他说道。"我对这些感到害怕：我可能会溃败，可能不够冷静地作出正确的决定以带领我的士兵冲锋陷阵并保持最大的存活率。带领他们冲锋陷阵，保证战士们活命，就是我的驱动力，这就迫使我克服对战斗的恐惧。"瑞奇曼通过"封存恐惧"来面对自己的害怕，正如他所说的："这就像是身在其中，但心不在其中。你个人本身是在经历一个过程，但是你的思想却超出该情形之外，理性地引导你成功地达到目标。"

瑞奇曼解释说，这种环境下的领导"完全不同于你没有深陷水深火热当中，没有持续面对死亡恐惧的时候的领导。当你完全掌握一家企业命脉的时候，你就会有一种理想，并且，你会将企业推向你的理想境界。这里没有恐惧——只有创造差异和创新所产生的愉悦。这并不是将沉重的责任压在别人身上，使他人感觉到死亡的威胁。这是一条令人愉快的前进道路，尽管在前进的过程中会充满危险和障碍，并且还可能会将你绊倒。但是，你会有坚定的信仰，并且将所有的精力都投入到工作当中。遇到问题时，你会非常具有创造性。因此，战争环境中展现出的领导的感觉和经历与非战争情形下的竞争环境所展现出来的是完全不同的。"

按照瑞奇曼的说法，军队当中的领导方式是自上而下型的，因为"那儿等级森严，你不能随心所欲地活动。当然，那儿也有一些有个性的人不顾规章制度，想做什么就做什么。他们的下场不是被赶出军队，就是被认为是最具创造性的人。但是，对于大部分人来说，军队塑造了他们。军队需要一些具有独立性和创造性的人，但是所要的数量并不多。"

凯利将军为位于弗吉尼亚匡堤科的海军陆战队军官学校的学生提供了以下关于领导力方面的教训："记住，领导是因人而异的。仔细听懂我们在匡堤科所教你的领导原则，然后根据你的个人特质将它们应用在工作当中。不要试图模仿他人。某人的成功经验对其他人来说可能就是一场巨大的灾难。要根据自己的现实情况来决定你的领导方式。"

"成功的领导者从来都不会在舒适的摇椅中思考问题,"他说道。"大部分重要的领导措施都在稳步展开,但是最后环节的一项重要事项总是被忽略——那就是监督。你花费大量的时间去监督并且将其投入到我们最重要的产品——员工——当中。你可能经常会在晚上或周末的时候将自己的想法做成必要的文案,但是,一旦你忽略了该项工作,你就会发现管理员工是非常困难的,甚至是不可能的。"

"不要做一个用等级和领导权威来装饰自己的严肃且苛刻的人。真正的领导者是受人尊敬的,但是却从不令人害怕。真正的领导者是富有同情心的,但是却不会滥用同情心。真正的领导在必要的时候会清晰明了且强有力地表达自己的观点,而不会使用有辱身份、辱骂性或庸俗的语言。滥用权威的海军军官绝对是一个胆小鬼,因为当得不到尊重时,他会感到害怕。"

3.3　自上而下型的领导方式和富士施乐公司的变革

小林阳太郎,富士施乐公司的董事会主席,讲述了一个恰当运用自上而下型的领导方式产生强大效应的有趣的例子。富士施乐公司是在 1962 年由富士胶卷公司和施乐公司两家公司合资设立的。出生于东京的小林阳太郎说:"作为一家合资企业,我们拥有源于施乐公司的特许权利,以及作为富士胶卷公司当地合伙人的声誉,但是在其他方面,我们是从一个有多处缺陷的组合体开始运作的。""我们赶上了好时候——当时的环境对现代化的组织需求起到了强有力的推动作用,包括引进领先的科技和最先进的办公设备。富士施乐公司拥有独一无二的产品,而这些产品是适应当时的市场需要的。"

随后，风向发生了转变。在 20 世纪 70 年代中期，施乐公司面临着美国政府的市场准入政策，公司被要求将其技术向其他公司公开，这就带来了巨大的竞争压力。"在那之后，整个环境都变了，"小林阳太郎说道。富士施乐的劣势在新的竞争市场中日益凸显，而这些劣势在原有的环境中并没有如此明显。"公司存在一些问题，一是客观地评估判断市场的能力，二是客观地看待数据的能力。我们不得不寻找解决这些问题的方法。"

为了解决这些问题，按照小林阳太郎的说法，富士施乐决定应用一种管理手段，即全面质量控制（TQC），有些地方称之为全面质量管理（TQM）。"这几乎意味着将大量的关注点放在数据方面，并且在决策方面设立合理的优先级，"小林阳太郎说道。"在概念上，我们认为全面质量控制所要实现的类似于从基本上解决问题，这种类型的方法沃顿商学院在 20 世纪 50 年代时期曾经教授过。首先，我们需要定义问题，然后分析可能解决问题的选择方案。这就是在公司执行全面质量控制的政策下，我们所计划采取的解决方案。这是管理的解决方案。"

领导的问题随之产生了。小林阳太郎，当时是公司的二把手，注意到尽管公司在理性地推广全面质量控制和全面质量管理的概念，但"人们并没有作出太多改进，特别是中层管理者们以及办公室的员工们。这主要是因为，由于各种各样的原因，富士施乐具有非常强大的企业文化。尽管全面质量控制拥有理性的和客观的方面，但是，它们还是被以不同的方式解释。我感到越来越绝望，甚至是恐惧，因为如果在当时我们不做一些事情的话，富士施乐很可能就会走向衰退甚至灭亡。"

小林阳太郎亲自去说服管理者们：启动全面质量管理并不是简单地对管理过程作出进一步的合理改进。同时，随着全面质量管理的启动，他将这个几乎具有救世作用的使命向各个阶层的员工进行解释，指出这些措施对公司具有生死攸关的重大影响。如果公司不能利用质量目标来使公司重新具备在遭遇美国政府管制和市场环境变化之前所拥有的竞争优势，那么公司将会走下坡路。

危机是一个强大的激励动机。通过创建一种危机感——其基础是竞争环境所产生的改变——小林阳太郎的沟通使得员工的个人目标和公司的战略目标达成了一致，结果，富士施乐不仅承受住了风吹雨打，还发展得更加强大。危机的出现可能会带来真实且迅速的变革，它为潜在的变革提供了环境。当危机出现的时候，如果一些组织没能足够重视并且认识到危机的影响，那么问题就产生了。三大汽车公司和航空巨头就是两个非常好的例子。

在这里我们插入一个词——谨慎。在每个特定的问题上，尽管制造恐惧的方式在短期内能够对现实问题（正如富士施乐的例子）发挥作用，但是，我并不推崇领导者在管理过程当中将灌输恐惧作为一种"领导工具"。当我还是 Touche Ross 的执行合伙人的时候，我就发现有个别部门的管理者经常使用这种方式来管理下属。他告诉他的下属，公司确实不重视这个部门的业务，因此对这个部门漠不关心。他还暗示他们被公司看成二等公民。此后，他通过声称自己将和他们站在同一战线并且不会让不利于大家的事情发生这种方式来将自己定位为大家的领导者。

这是一种消极的领导方式，它经常被一些政治家们采用，即他们经常宣称他们的国家将会受到敌国的袭击，或者一些可怕的事情将会发生在本国，通过激发这种恐惧来使他们的支持者听从他们的安排。在 Touche Ross，这种战术给该领导者赢得了一定的支持者，但是，对于整个组织来说，它将会使组织失去活力。这位领导者使用同样的"恐吓"方式来处理组织的领导问题；如果他不能按照自己的方式进行管理或者不能获得一些自己想要的东西，他就会以辞职作为要挟。每年，他都至少要使用一次这种方式。几年之后，当公司决定真的要选择性地解聘一些领导者的时候，他又来到我跟前要挟说要辞职。我说："我明白你的感受，所以我接受你的辞职。"他震惊得哑口无言。在他离开之后，另一位领导者通过关注成功而

不是灌输对失败的恐惧以及歧视的方式来激励员工，使得该部门的
环境和业绩都表现得非常棒。

3.4　自上而下型领导方式的不足

尽管自上而下型的领导方式可能看上去比较简单、比较直接，
但是，在更加倾向于采取大学式的管理方式的组织当中，这可能会
带来更多的问题。也许这种领导方式最大的不足就是，经过一段时
间之后，在这种更加独裁的自上而下型的领导方式之下，CEO 们
会变得更加自我，因为围绕在他们周围的每个人都会称赞他们所做
的工作是多么了不起。他们拥有很多随声附和而不是与之讨论的员
工，并且，他们也不会真正听取其他人的意见。然后，由于他们认
为自己知道所有的答案，不光是组织的基本经营状况，所以，他们
开始认为他们知道世上所有事情的答案，包括如何处理全球变暖、
朝鲜问题以及世界上各个地区出现的外交问题等，并且随时准备处
理其他所有的问题。他们开始变得说比听多。在这个阶段的后期，
即使他们能够听取他人的意见，他们也会说："噢，我们在三年之
前就尝试过了，这是行不通的。"

当我还是宾夕法尼亚大学沃顿商学院的院长的时候，我就看到
过这样一个例子。我们当时正在对当地企业推广高级经理培训课
程，我正和梅隆银行（Mellon Bank）的一位高层管理者洽谈，他
告诉我，他会就这个课程与其他同事讨论，并且稍后给我答复。我
知道他们的领导方式是自上而下的独裁型的，但是，我还是希望我
们沃顿的课程足以让他们产生兴趣，希望他们能派一些管理者来参
加我们的实验课程。但是，当他给我回复的时候，他却说他们确实
不希望让员工们参加外部的课程。他说他们希望通过"梅隆方式"
来对员工提供内部培训。这令我很惊讶，因为很多公司都送它们的
管理者来参加我们的高级管理课程，这样他们就可以和各种类型的
管理者们进行交流，以获得一些外部的新鲜观念。纽约银行在 2006

年 1 月以 165 亿美元的价格并购了梅隆金融公司，而这个价格比 1998 年的开价低了 60 亿美元。

我的另一个亲身经历发生在我担任 Touche Ross 费城分所领导职务的时候。在美国，费城是仅次于纽约的第二大金融中心。和其他八大事务所相比，Touche Ross 在费城的规模很小，只有一间很小的办公室，并且，我们还常常为寻找业务而奔波。我和另一位合伙人拜会了同样采用自上而下型领导方式的吉拉德银行（Girard Bank）的 CEO，我们告诉他，我们的税务筹划计划能够帮助他们节约数百万美元的税务支出。如果认为我们的想法能够运作并且实现目标，并愿为此设定一套税务规则的话，我们可以提供调查服务。而银行所需要做的仅仅是根据我们的工作时间支付费用。然而，如果我们展开调查并且认为该计划无法运作，银行也不必支付任何费用。我们没有告诉该 CEO 我们的计划是什么。他告诉我们，他需要和他的税务专家们商讨之后才能给我们答复。当他给我们回复的时候，他告诉我们，尽管他的税务专家们并不清楚该计划的具体内容，但是他们对此不感兴趣，因为他们已经思考过所有可能大幅度节约税务支出的想法，为此，他们对这个计划既不赞同也不反对。现在吉拉德银行已经不存在了。

最后一个例子也许能为美国汽车行业持续存在的问题提供一些解决思路。我在底特律生活了几年，并且为两大汽车巨头提供过审计服务。总体来说，我发现这两大企业都具有非常强势的自上而下型的领导方式，高层领导者总是认为他们什么都知道。与此同时，在 20 世纪 50 年代末 60 年代初，三大汽车巨头几乎垄断了美国的汽车市场。而在当今，情况却发生了戏剧性的变化：在 2007 年 1 月，通用、福特和克莱斯勒三大汽车巨头的销售额在美国汽车市场所占的比例仅仅略高于 50%，而亚洲——日本和韩国——的汽车公司销售额在美国汽车市场所占的比例已经超过了 40%。许多专家预期亚洲的汽车公司的销售份额将会保持上升的趋势。在这三大巨头公司当中，克莱斯勒在 1998 年被德国汽车公司戴姆勒兼并。由于

克莱斯勒在小型货车和吉普车上的销售业绩不理想，戴姆勒公司在
2007 年将克莱斯勒公司出售给了博龙资产管理公司（Cerberus
Capital Management），这家公司迅速地聘请了卸任家得宝公司
CEO 的罗伯特·纳德利出任克莱斯勒公司的 CEO。福特和通用汽
车公司都陷入了成本高、业绩下滑的困境中，公司处于亏损状态，
甚至有人传言这两家公司之一或者二者都将面临破产的威胁。2006
年，福特首次从非汽车行业中聘请 CEO，希望其能为公司的持续发
展带来新鲜血液。博龙资产对克莱斯勒的纳德利也抱有同样的期
望。在美国，丰田已经超越福特成为了第二大汽车公司，尽管底特
律方面尽了最大的努力，但是，很多人还是认为丰田很快将取代通
用成为世界上最大的汽车公司。丰田曾经和福特讨论过"联合经
营"。

　　福特的例子说明了自上而下型的领导方式的一些不足。自上而
下型的领导方式非常容易形成一种内在文化和强势的管理层。这些
管理层通常会比负责管理日常运作的一线经理们所获得的报酬高很
多。这种管理高度集中的组织可能抑制创新，可能制约组织的快速
发展，同时还会把信息限制在有限的渠道中而不能传递到管理层，
最终不能传递到 CEO 那里。这种官僚结构最终会抑制整个组织的
发展。

　　拉里·博西迪，美国霍尼韦尔国际公司的前任 CEO，指出了另
一个自上而下型的领导应该意识到的潜在不足。这就是不能确信组
织是否按照他们的战略进行运作。用他的话来说，"有很多 CEO 认
为筹划战略、拜访客户以及和各种类型的社团机构开展联系是他们
的工作。不错，这些是非常重要的任务，但是，这些事情和确保事
情按照预期的方向发展并没有联系。有很多 CEO 不喜欢管理。他
们并不跟踪战略的发展，他们希望其他人去处理这些日常的工作。
当 CEO 对管理不感兴趣的时候，可以肯定的就是，组织不会朝着
预期的方向发展。因此，我认为，领导者的重要素质之一不仅仅是
清楚地展现和传达组织的发展方向，还要确保组织朝着该方向

发展。"

最后，自上而下型的领导者一般都会犯不知道何时离开的错误。在这种类型的组织当中，很多CEO都经常维持着一种什么都知道的兴奋状态，即使在他们不再进行管理的很长一段时间之后。发生问题时，他们经常让委员们未经审查就批准通过他们的行动方案。知道何时离开能使之前获得成功的领导者避免遭受耻辱——被由于业绩下滑而失去耐心的董事会解雇。

3.5 在其他类型的组织中领导

自上而下型的领导者会发现，他们在其他类型的组织中会承担部分他们原有的常规职责。他们通常被要求领导整个组织而不是管理组织主要的经营活动——例如，美国联合劝募总会（the United Way）、博物馆理事会（Museum Boards of Trustees）以及企业圆桌会议（Business Round Table）。在这些类型的组织当中，任何尝试维持独裁专制，对待伙伴就像对待奴才一样下达命令的管理者通常都会以失败告终。这可能就是自上而下型的领导者经常陷入的最不愿意看到的陷阱。

小 结

■ 自上而下型的领导方式主要存在于军事机构和具有强势官僚文化的大型工业企业当中——同时还会经常出现在主治医生领导团队进行手术之类的场景当中。如果你在这种组织中担任领导者，你会发现权威集中在领导者的手中，他们会直接命令他人遵照执行而不允许过多的争论或议论。

■ 即使你是在自上而下型的组织当中，为了组织的有效运作，你会发现你的领导方式必须包含按照组织的层级对下属进行授权的内容。除非你进行授权，否则组织将会变得过于集权化，并且，组织对外界的反应能力将会受限于你对该情形作出反应的能力。

■ 有些现存的例子能够说明自上而下型的领导方式在某些环境下是有效的。例如，像通用、家得宝这样的公司就有聘请退役军官并授权他们管理各种经营活动的经历。富士施乐公司采用了自上而下型的主动方式来驱动公司变革，目标是提高整个公司的管理质量。

■ 自上而下型的领导方式的主要风险在于，作为领导者，你可能会被你的同事孤立和疏远，但是自己却并不知道。作为一名领导者，如果开始就认为自己无所不知并且拒绝听取他人意见，认为自己能给别人"压力"，则通常会由此终结领导生涯。

注释

[1]"Home Depot's Hardware Warriors," *Fast Company*, September 2004.

[2]"Home Unimprovement: Was Nardelli's Tenure at Home Depot a Blueprint for Failure?" *Knowledge@Wharton*, January 10, 2007.

[3]Honeywell website (www.honeywell.com/sites/honeywell/ ourhistory.htm).

第❹章 合伙式的组织：
领导你的合伙人
*C*hapter Four

本章讲述的这种组织的领导，和上一章所讨论的自上而下型的领导方式完全不同，它们之间对比鲜明。这种组织需要一种不同的领导方式，你会看到，我在这种类型的组织当中具有相当丰富的经历。

首先，我通过自己管理八大会计师事务所（在它们成为四大会计师事务所之前）之一的经历来指出适合这种组织的管理方式；然后，我会指出这种组织的领导者可能面临的潜在不足；之后，我会描述一些和你所领导的合伙式组织所不同的其他情况，你会发现身处这些环境将如何影响你的领导方式。

4.1 组织类型：合伙式组织

领导起来最具有挑战性的组织之一就是，在该组织当中，很多人在名义上和最高领导者都是平级的。这种组织包括律师事务所、会计师事务所、管理咨询机构、金融机构、诊所以及其他一些专业性组织。这些组织的专业人员预期能够为组织的既定发展发挥主要作用。通常，这些专业人士都是稀缺的，并且，如果他们在当前的组织工作得不愉快的话，可以很容易在其他组织找到工作的机会。这就对这种组织的最高领导者的人际交往技能提出了相当高的要求。

由于这种组织的领导者通常都是被他们的合伙人推举出来的，

他们就被假设为是适合该项领导工作的。一旦开始工作，毫无疑问，这些领导者对怎样才能使组织向前发展并且在时刻变化的经济环境中保持竞争优势总会有自己的想法。我相信，令一群合伙人共同合作并使他们加入变革过程的最重要手段，就是关注沟通——关注对他们有效的沟通方式以及从他们那里获得信息。这就意味着你要聆听你的合伙人的声音，并且使他们的持续投入能够和由你设定且被他们接受认可的战略计划和发展方向相匹配。你要评估你的合伙人，还要和那些能够帮助你执行战略的合伙人共同合作，同时还要寻找解决合伙人意见相左问题的方法。然后，你需要在众多合伙人当中选择适当人员来组建团队，以执行你的战略。你不能停止，你要持续沟通并且评估战略的进展。通过这个过程，你会建立并维持一个诚信的地位。你的合伙人会看到你言出必行、言行一致。几年前，我曾读过一篇关于罗恩·丹尼尔斯（Ron Daniels）（1976—1988 年担任全球知名的咨询公司麦肯锡的领导者）的专访，他被问到如何管理如此大型的合伙式企业时，回答说，这是有可能的，因为同事们相信他的正直。他的说法是绝对正确的。如果你能做到正直，那么其他合伙人就会买你的账，共同为战略的成功执行精诚合作。

约翰·麦克曼，美国教育管理公司主席和缅因州（美国东北角的州）前任州长，他完美地概括了这一点。他说："领导其他合伙人是最具挑战性的，且对于一个领导者来说，这也是最具回报的。当你领导你的合伙人的时候，你是在领导着追随你的人，因为他们拥护你所采取的行动。这就意味着你要表达出一种大家都拥护和支持的引人注目的愿景，并且，你一定要和你的合伙人之间建立一种信任关系，因为你的合伙人愿意跟随你。这就是为什么当你能将跨部门的团队组建在一起，为大家所要实现的共同目标合作的时候，这件事本身就是最大的回报。"

结合我在 Touche Ross 的亲身经历，我对合伙企业的领导有自己的一些观点，后面我将会更加详细地进行介绍。我讲述自己的亲身经历的原因，是要使读者对特定领导原则有一个概念和感觉，并且对在各自的组织环境中如何运用这些原则来和自己的合伙人及同伴进行合作有一种认知。

当我在 1956 年加入 Touche Ross 的时候，我知道它是世界顶级的会计和咨询服务机构之一。Touche Ross 于 1946 年成立，当时的名称是 Touche，Niven & Co.，是所谓的八大会计师事务所之一。我在 1966 年成为了该公司的合伙人，并在 1967—1972 年间担任费城分所的负责人。也就是在 1966 年，我成为费城公司的执行合伙人，头衔是美国公司的首席执行官；1974 年，我同时还成为了 Touche Ross International 的 CEO。我当时年仅 37 岁，是公司有史以来最年轻的执行合伙人，甚至可能是大型会计师事务所和咨询机构中最年轻的执行合伙人。不要被这一点所震惊，因为当我出任该职位的时候，我完全不知道该如何管理这家大型机构。我向罗伯特·拜耳（Robert Beyer）请教，他是一位非常友好的执行合伙人，同时也是我的导师。我请教他如何进行管理，并请他为我提供一些在职培训。

我发现，经过很短的一段时间之后，呈现在我面前的第一件领导大事可能是大部分组织都会面临的。事实上，彼得·德鲁克（Peter Drucker），著名的管理大师，曾花了大量的时间和前任执行合伙人共同工作。他在自己的书中写道，有一些组织结构过于复杂，以致领导者们不能有效管理。提到这些复杂的组织，他的第一反应就是跨国会计师事务所和咨询公司。

当我成为公司执行合伙人的时候，公司在 50 多个国家拥有超过 300 家分支机构。在 10 年之后，即我的任职期末，公司在 90 多个国家拥有超过 400 家分支机构。每个国家的分支机构在财务上都是独立的，并且有属于自己的董事会。不同国家的公司之间没有任何利润分摊或者是财务上的关联。这 300 多家分支机构的一个共同问题是，它们都希望我不时能以美国公司 CEO 以及 Touche Ross International CEO 的身份出现在它们那里。如果我每年都亲自到这 300 多家分支机构一次，那我还有什么时间来处理其他事务呢？同时，我还要处理很多涉及不同经营习惯、风俗以及知识等的事务。

在美国，公司由董事会负责管理。董事会主席是独立于 CEO 和执行合伙人的。公司有一个大约由 15 位不同地区的代表组成的执行委员会来负责管理，即所谓的管理委员会；公司还有一个国际性事务的执行委员会，这个委员会由公司业务主要所在国的代表组成；还有一个由公司业务所在国家代表组成的国际性监管机构。我就是在这样一种环境下来"管理"这家国际性公司的。

现在就来谈件大事：每年，美国公司的合伙人以及 Touche Ross International 的董事会都会对我的能力秘密投票。有多少 CEO 愿意被这样表决？参加表决的都是我正在领导的合伙人和同事。

我 37 岁时，在没有任何关于如何管理这样一种复杂组织的概念的情况下，就被选举为执行合伙人，开始进行为期 6 个月的试用期。我从公司的前任执行合伙人罗伯特·拜耳那里所接受的在职培训并不够具体。大约在我正式上任前的 4 个月，罗伯特·拜耳生病了，并且完全不能胜任原有职位。

有几个星期的时间，公司几乎处于一种群龙无首的状态，很多人打电话来问我在某些事情上他们应该如何处理。甚至还有人问我这次对我的选任是否有效，因为在公司执行合伙人不能出任的情况下，公司有一套任命临时执行合伙人的程序。看到公司这种无序状态持续了几个星期之后，我单方面决定搬到纽约分所，搬进拜耳旁边的那间空办公室。我立即召开会议，并且发出了这样的备忘录："我将会在纽约办公，直到拜耳能够回来上班为止。在此期间，我将扮演执行合伙人的角色。"我并不确信自己所说的是否具有法律效力。没有人教我要这样说，但很幸运的是，没有人质疑我的地位。

就这样，我们开始运作了。在我担任执行合伙人之后不久，公司就面临一场关系到生死存亡的危机。我们和一家西海岸客户，美国共同基金公司之间有一件长期未决的债务案件，如果陪审团判定我们败诉的话，我们公司将要赔偿 9 000 万美元。问题在于，我们公司的净值仅有 5 000 万美元左右，另外我们有 5 000 万美元的职业保险。如果我们需要赔偿的话，就几乎陷入了破产的境地。后来，我们找到一个可以用不超过 5 000 万美元就能解决的方案。美国证券交易委员会（SEC）也被牵扯进这个案件。某天（在我搬进康涅狄格州格林威治镇高档小区的新家后不久），《纽约时报》企业版的首页登出了我和 SEC 首席会计师的照片，文章的标题写道："Touche Ross 被 SEC 责难"。我确信我的新邻居们一定会认为我是某种白领骗子。

这就是我作为一家跨国专业服务机构领导人所面临的挑战。记住，我每年需要被这家大型且复杂的组织的合伙人秘密表决，而这些合伙人是我今后所要领导的对象，并且他们都确实希望公司能够像平等合伙企业那样运行。使事情变得更加复杂的是，公司是在一个不同机构之间不存在财务关联的国际性舞台上经营的，我并不能决定美国公司之外的其他合伙人的薪酬。很明显，我的首要领导任务就是非常谨慎地管理。

我在一开始就指出，领导合伙式组织的关键在于沟通，并且建立领导的个人魅力。你必须持续不断地进行沟通，这样人们才知道发生了什么事情。否则流言就会四起，而你会时常处于一种防御性的地位。会有各种各种的流言经常传入其他合伙人的耳中。新闻报刊报道了公司发展如何，面临着什么问题以及相关的计划，这让所有人相信他们知道公司正稳步发展。很明显，有很多事情是他们所不知道的，但是，他们知道了最重要的事情。

这次的交流和沟通帮助我赢得了信任，这是个人诚信的基础。如果合伙人认为你不可信的话，那么，在你还没有开始领导之前，你就已经被淘汰出局了。你必须要采用大学式的方式来达到这一点，并且在需要快速作出决策以及启动某项行动的时候，尽可能多地采取实际行动。你必须要具有说服力，甚至应该成为一个优秀的推销员。你必须在领导层中识别出不同伙伴各自的不同目标，并且帮助他们实现相应的目标。你必须展现出：你可以放开薪酬权力，同时使公司茁壮成长，并且能使公司比其他七大强劲的竞争对手更加具有竞争实力。

由于这是一家国际企业，我不得不发掘我可以为遍布世界范围的合伙人提供什么。在与他们的合作过程当中，我们建立了一套从其他国家进行企业提名的体系，这有效促进了各家分支机构的成长，也有效增加了各家机构的利润。经过频繁的磋商，我们为各家机构引进了新产品。我们在培训以及其他需要协助提供支持的方面相互合作。

所有这些意味着我不得不经常出差，去和不同的人进行面对面的沟通和交流。在我担任 CEO 的 10 年中，我每年的旅程都超过了 20 万英里。这看上去并不是什么大不了的事情，除非你意识到这些里程数意味着你每个月都要环游世界一趟。我经常会在周末的时候参加格林威治镇的晚宴。晚宴上每个人都会问我这周去了哪里，我都会告诉他们。他们认为这种出差是非常令人兴奋的事情，只有我自己知道我所看到的只是旅店、办公室以及饭馆，然后我就要启程去机场。任何商务人士都知道我所要表达的情感。

此外，我还有妻子和四个年幼的孩子，因此我必须仔细地安排和计划我和他们见面的时间。例如，我每年会花 6 周的时间——断断续续地——陪我的家人，而不是打高尔夫球。我每个周末都尽量回家，这样我就可以和家人团聚。其他剩余的时间我都在工作。我在纽约有一套公寓，不用出差的时候，我平均每周不得不去参加两次难受的晚宴，这通常是因为客户的缘故。如果你将我任职 10 年期间的次数相加的话，你会发现，大约有 1 000 次难受的晚宴。

在我成为执行合伙人之后的最初几个月，我为 Touche Ross 规划了一个愿景，即我们要成为全球专业服务的"最佳机构"——并且我们必须要是"一家企业"。如果我们是一家企业，我们就必须按照一个团队的方式进行思考——每次希望达成一个重要决定的时候，我们都不得不抛开所有的障碍通力合作。与一组合伙人共同合作，我们得出了一个能帮我们与其他竞争对手区别开来并成为杰出企业的计划。我之前的同事约翰·盖德尔（John Keydel）曾经是 Touche Ross 的战略计划领导者，他说："拉塞尔·帕尔默想出了'做到最好'的口号，这是一个令人振奋的口号。我们开发了 P 计划，即定期和新闻报刊沟通我们公司的共同愿景。"

为了实现这种愿景，公司不得不聘请适当的人员来从事适当的工作。这对大部分合伙人来说是一件困难且痛苦的事情。Touche Ross 最初是在美国成立的，并购了 50 多家企业之后，它成为了一家似乎完全由一系列封地凑成的联合体。那些被并入 Touche Ross 的公司的合伙人已经习惯于按照自己的模式经营。坦白地说，他们当中的某些人就像第一夫人一样，普遍任用自己的亲信。如果我们继续以这种联合体方式运作——其唯一的共同点就是拥有同一个公司名称——我们绝对不可能成功地与八大事务所中的另外几家相抗衡。我们必须制定出能够帮助我们克服这种限制的战略。

这种裙带关系人员有时候关注的仅仅是自己的利益，而不是整个组织的目标。领导者的一个重要任务就是必须有实力去重新引导他们。如果你不具备这种实力，他们就会破坏其他正直且努力工作的大多数员工的努力。另一方面，他们可以被引导成一股积极力量，这样就不会因为无能而依赖裙带关系。

1974 年（我初任 Touche Ross International 的执行合伙人兼 CEO 的那一年）之后，我就经常遇到这种情况。我们在法国的分所遇到了危机。法国公司是由一个什么事情都管但却不愿改变的家伙管理的——他没有真正的合伙人。他对发展没有兴趣。最后我们不得不劝他退休，同时我们将购买他的股份。这是一项难以完成的任务，因为我们并没有法国公司的控制权，也没有权力直接命令这个家伙；此外，其他公司，特别是欧洲的公司，都在密切关注这一情况。我们的筹码源于我们从其他国家获得了这家公司 50％ 的咨询业务。如果我们拿走这块业务的话，这家公司就会陷入极大的困境当中。最后，为了今后的生存，法国公司无从选择，只能解聘那个家伙。

另一个麻烦就是，公司的一些合伙人酗酒，而其他一些合伙人也有一些不利于工作的问题。我们不得不告诉他们停止这些不利于工作的行动，否则他们就会被劝退。这种做法会产生很大的影响，因为人们都在关注着。当你真的这么做时，流言就会遍布全公司。这会起煽风点火的作用。你必须要正确处理这些事情，否则将会带来破坏性的作用。

自从我们为公司建立起了一个共同的愿景，并且提出了一系列共同的目标之后，我们就必须要思考如何激励人们来实现这些目标和愿景。在合伙式组织当中，这是相当复杂的事情，但是我们通过管理薪酬体系，并配合其他方法来实现它。在 Touche Ross International 和美国公司，我们有一个战略计划。我使整个董事会都清楚这个计划，并且通过执行委员会来实现这个计划。在美国，合伙人的薪酬体系是和这个战略计划直接关联的。这个薪酬体系的六大主要根据是：利润、成长、质量、员工、与外界的联系，以及他们在特定的岗位或在公司当中为公司作出了什么贡献。我们持续不断地衡量这个战略计划以及各个领域中相关的特定计划的执行情况。

随着我们根据当年的重点不断地调整短期目标，我们也在时常调整薪酬体系。虽然如此，我们的长期计划是保持不变的：使公司不再是八大事务所中最小最新的机构——一些人永远都不会认为我们是八大事务所之一——要使公司至少排在这八大机构的中间水平。我们必须要比其他竞争对手做得更好，这样才能够实现这个目标。

例如，有一年，我们计划加强我们的合伙关系。我们拥有超过 50 个被合并的组织，很明显，一些合伙人并不赞成我们所建立的合作标准，还有一些合伙人也没有达到我们对合伙管理这个层面所提出的要求。对今天的四大会计师事务所来说，"提前退休"只是一件很普通的事情，但是在 20 世纪 70 年代，这是很少见的，特别是要在短时间内结束 150 多人的合伙人身份。但是，我们还是这么做了。在这场变革中，我们成为了一个更加强大的合伙企业。

我们要求执行委员会的每位成员提供他们认为应该"剔除"的合伙人名单。我们将这些名单汇总在一起，并且与根据汇总结果产生的应剔除人员谈话，最后确定了将被劝退的人员名单。一般来说，我对最后确定的名单都没有意见，但是有一个特例。我会在下一节"领导合伙式组织的潜在不足"中讲述缘由。除了这个特例之外，其他人都不费气力地被劝说离开了公司。

我们的优势来源之一就是具有多元化的合伙人。可能有30％或35％（约1/3）的合伙人是信仰犹太教的，到目前为止，在八大事务所中这个数量是最大的。我们还有大量的天主教教徒，同时我们还有其他各种少数民族的代表。他们有一个共同点：擅长自己的专业。

我们有的员工留着胡子，有的员工有发达的肌肉，有的有不同的国籍，还有的持不同的道德标准。公司还有很多女性担任高级管理职位，并且相当一部分人是少数民族。记住，那是20世纪70年代。当时，一些公司才开始明确雇用女性，而我们公司自从1946年成立的时候就开始雇用女性职员了。事实上，我的第一位上司就是一位女性。在其他公司甚至不聘请女性职员的时候，我们公司就已经有不少女性合伙人了。现在，在很多会计师事务所，50％以上的新人都是女性。

我们的合伙人是非常优秀的，不仅仅因为他们是多元化的，而且因为他们都是与众不同的。我经常说，卓越的人并不是在某方面不平凡，而是在很多方面都与众不同。换句话说，你知道帕布洛·卡萨尔斯（Pablo Casals）是世界上最杰出的大提琴演奏家，在其他方面，你会认为他也就和你的邻居一样，是个普通人，但事实上并不是这样的。卓越的人不仅仅是在自己擅长的方面表现出色，而且在其他方面也和普通市民有很大差异。作为一名领导者，你必须理解并且在最大程度上适应这一点。留住优秀的人才，也就意味着我们要有一个晋升或者淘汰的机制。也就是说，如果你不能成长为合伙人，你就只能按照常规的方式离开公司。为了成为一名合伙人，你必须依靠自己的价值、智力，以及你对公司的贡献。我们不会考虑任何裙带关系。实际上，我们甚至不允许员工在公司中有亲属关系。但是，我记得我们为一对非常出色的兄弟开了绿灯，这两兄弟一位在旧金山分所，另一位在丹佛分所。

我们认为，即使我们拥有最优秀的员工，我们也需要通过可持续发展的职业生涯计划来帮助他们走上领导之路。这不是一件容易的事情。事实上，要将我们的专业人员引向新方向是非常困难的，这和其他类型的组织所遇到的情况是一样的。20 世纪 70 年代末期，计算机在我们的专业领域中盛行起来，开始用于审计工作。于是，我们为年轻员工购买了大量的计算机，同时为每个人提供了培训的机会，这样他们就可以使用这些新的工具来提高审计效率，降低成本。后来，我们就多少人使用了计算机进行审计开展调查，发现使用计算机进行审计的人数相当少。当我们关注这种情况并期望找出原因的时候，我们发现，这是因为我们的合伙人不希望使用计算机进行审计，因为他们不懂得计算机审计。年轻的职员希望使用计算机，但是高级合伙人还是让他们采用原有的方式进行审计。

在由 80 个国内分所的合伙人参加的年度会议上，当参会人员第一天走进会议室的时候，他们发现每个人的桌上都放着一台苹果牌笔记本电脑。他们坐了下来。我们开始展示计算机的强大功能，然后，我们让其他人进来给他们展示如何使用计算机。经过这次年会之后，我们根据不同的要求将计算机送到了每位合伙人的家里或者是办公室。我让他们每个月都给我写封信，告诉我他们在计算机方面的长进。六个月之后，如果他们没有使用计算机，就要将计算机退还给我。

起初，所有人都写信告诉我他们在使用计算机。事实上，我认为他们确实在使用计算机，只不过使用的程度一般。但是，经过一段时间的使用之后，他们认为自己已经成为了计算机方面的专家。没有人写信告诉我他没有使用计算机。随后，他们开始告诉其他合伙人计算机有多强大，并且应该在审计中也使用计算机。这就是我们如何打破计算机使用的僵局的过程。现在，计算机已经成为了每项审计业务不可或缺的一部分。实际上，当你看到当今四大会计师事务所的员工的时候，你会发现他们都带着一台计算机——便携式计算机——他们一般会随身携带，或者放入随身的行李中。今天，计算机已经成为审计的必备装备，就像旧时的计算工具或计算器一样。

当时，我们是普华永道和安达信的竞争对手。安达信是一家很不错的企业，但是，它对所有的员工都用相同的管理方式。无论在世界上的哪一家分所，当你走进公司的时候，你所见到的人都是相似的。我记得安达信通常这样告诉客户，你在各地不同分所都会看到我们的美国合伙人，他们了解美国的习俗，并且按照美国的方式经营。

我们则发挥我们国际型公司的优势，告诉我们的客户，我们在德国有德国的公司，在阿拉伯联盟国家有阿拉伯公司，在日本有日本的公司。这些都是本土化的企业，它们精通相应国家的商业惯例。不错，我们在纽约总部是有一些人士作为各家不同公司的后备支持力量来为本土合伙人提供支持。这些合伙人同时能够让客户就国际市场有一个更加广泛的认识。

这种国际化战略的结果是，多年来美国公司最显著的业务增长都来源于主要的外资企业在美国开展的咨询业务。在20世纪八九十年代，随着业务更加全球化，越来越多国外公司的审计业务都是由我们在德国、日本、英国等国家的兄弟公司完成的。

20世纪70年代，当阿拉伯联盟国家宣布抵制为以色列服务或与以色列有生意来往的公司的时候，这些阿拉伯联盟国家的目标就集中锁定在八大事务所当中。所有八大事务所都非常在意这笔业务，因为如果你不能和阿拉伯联盟国家做生意的话，就可能失去很多跨国的大型客户，特别是大型石油公司。我们为此进行商讨，知道没有人会告诉我们应该如何经营我们的公司。事实上，我们决定在纽约为"犹太人联合呼声"（United Jewish Appeal）这个组织举办一个耗资 100 万美元的公开自律活动。我们公司从未进入抵制名单。

Touche Ross 和其他全球性会计师事务所之间的文化差异是非常显著的，以至于外界人士都能够指出来。正如马克·史蒂文（Mark Steven）在他的著作《八大会计师事务所》（*the Big Eight*）中所述，"Touche Ross 的合伙人和 Peat Marwick（毕马威的前身）、Coopers（普华永道的前身）、Authur Young（安永的前身）等公司的合伙人是不同的。Touche Ross 的人趋向于更加随意、放松和率直，并且公司更具多元性。没有人认为公司的管理计划会压迫 Touche Ross 合伙人。在 Touche Ross 的本土公司召开的独立会议中，你可以看到傲慢地抽着雪茄的纽约人、姿态恭谦的日本人、保守的得克萨斯人、开怀大笑的中西部人。那儿还有犹太人、天主教徒和祖先是英国新教徒的美国人。"

正如在我担任执行合伙人时担任董事会主席的同事卡尔·格里芬（Carl Griffin）所回忆的，"我们吸引了年轻、精力充沛、喜欢接受挑战和愿意利用更少的资源来完成任务的员工。我们的规模没有其他几家事务所那么大，我们的收入也没有它们高，但是我们用极大的热忱向其他公司展示出，我们公司是非常优秀的。我们具有和外界竞争的强烈意愿——当我们的竞争对手越来越少的时候，我们感觉非常兴奋。我们希望证明，我们拥有解决问题的新方式。"

作为一家规模小但有雄心壮志的公司，我们必须具备创新精神。回到 20 世纪 70 年代初期，当时很少有专业服务机构进行广告宣传。实际上，这种广告是被禁止的。有一天，苹果公司打电话给我，问我是否能为它们做一次广告。这次广告在为期六个月的时间里在各家主要的商业报刊、电视以及其他渠道中发布。对业界人士来说，这则广告吓到了他们。我说这是苹果公司在做广告，我们没有给任何人支付费用，也没有人给我们支付任何费用。其他公司的高管们都在抱怨，而他们公司的年轻职员却在疑惑为什么他们的执行合伙人不上广告。我们持续以创新的方式来领导公司发展，比方说，到了今天，所有的会计师事务所都在定期地做广告。

最后，经历了十年的发展，我们在 90 个国家开设了超过 400 家分所。1982 年，美国全国广播公司（NBC）这家大型公司计划更换给它们提供审计服务的会计师事务所，我们加入了和其他公司竞争的战斗。我们还有超越其他几大事务所的最佳战略咨询小组，这一点是无可辩驳的。唐·科蒂斯（Don Curtis）是我们咨询部门的领导者，同时也是一位杰出的战略家，他说在 70 年代中后期，我们公司在某些方面将会获得长足的发展，并且理所当然地成为八大事务所之一。

在我之前提到过的《八大会计师事务所》中，马克·史蒂文描述说："Touche Ross 是一家激进型的新公司，也是被其他竞争对手所憎恨的，那是因为 Touche Ross 是一家具有想象力且精力充沛的会计师事务所，它对自己的现状有着全面且清晰的把握，并且更加关注自己未来的发展，而不是沉湎于过去。这是一家明智且勇敢的公司，拥有具备创新性思维的顶尖人才、睿智和创新性的合伙人，并具有持续发展的热切期望……Touche Ross 在发展历程中的脚步是商业界的典范。"

我们明确地建立了一种难以被模仿的合伙企业，因为其他公司的规模都比我们大。它们不得不以一种更加偏向公司而不是合伙企业的形式来经营。经过几次的并购，Touche Ross 现在成为了四大会计师事务所之一。2003 年 10 月，我们这家联合企业采用了 Deloitte（德勤）的品牌名称，尽管我们的法律名称仍然是 Deloitte & Touche。

Touche Ross 在 70 年代强调诚信和持续沟通等关键要素的领导方式对当今的大型合伙式组织依旧是适用的。然而，问题在于，很多组织通常都没有根据自身的实际情况来采取适合自己的方式进行经营。结果，人们感觉不到自己是真正的合伙人，然后就离开了公司。

在以我在 Touche Ross 的亲身经历来讨论合伙式组织的一些潜在不足之前，我想提及另一种合伙式组织，那就是高等教育机构。在这种组织当中，每个专业人士都认为自己是学校领导的一部分。在商学院，这种情况更加明显。但是，合伙式组织和高校之间还是有显著差异的，这一点我将在第 8 章"学术机构：学习沃顿的经验"中描述一位商学院院长是如何与众多高智商且具有各自鲜明观点的商业界资深人士进行协调的。我认为在该章中所体现的经验和教训，可以适用于大量类似的组织。

Touche Ross 在发展过程中难道没有遇到问题，没有犯过错误吗？当然不可能。在我们开始讨论它的不足的时候，先看看我在 Touche Ross 的职业生涯中的两个例子。

4.2　领导合伙式组织的潜在不足

我认为合伙式组织的领导者所面临的最大问题就是没能记住这样一个关键的规则：仔细倾听其他合伙人的意见，并且在组织的转型过程中使这些合伙人参与到决策过程当中。在我两次遇到问题的时候，我立即就想到了这个规则——其中一个问题得到成功解决，而另一个最终未能成功解决。

你会记得，在我担任执行合伙人的期间，我要求执行委员会的委员们列出那些不能为我们达成一致意见的战略方向作出贡献的人员名单。当我们一起坐下来比较这些名单的时候，我认同这些名单，但有一个例外。我将面临的风险就是我可能会被认为独裁专制而不是平等地商讨。

事情是这样的。出现在该清单上的一个名字是丹尼斯·马尔威希尔（Dennis Mulvihill），他是一位博士，他的名字出现在该清单上的原因并不是他不够优秀——而是我们不再开展他所从事的事业。我告诉执行委员会的委员们我从名单上删除了马尔威希尔的名字。这当即就引起了一些争议，一些人问我为什么。我告诉他们，

"我就是认为这个决定是正确的。"

在这件事情之后，公司就流传着谣言，说丹尼斯·马尔威希尔和我之间有关系，因此我阻止委员们将他加入该名单。事实是胜于雄辩的。现在你可以看到，只有我知道马尔威希尔有不可治愈的晚期癌症，并且将不久于世。他不希望其他人知道这件事，因此我不得不以一种非协商的方式来处理这个问题。马尔威希尔知道自己的名字在该清单中，但是当他被叫来谈话的时候，我告诉他名单中没有他的名字。他在我的办公室里流了五分钟的眼泪，对我说完"谢谢"之后就离开了。尽管当时其他合伙人认为我没有考虑他们的想法就我行我素，但是，最后他们还是理解了我的做法。实际上，我认为我对丹尼斯·马尔威希尔的怜悯有效地帮助我树立了在领导路上的威信。

另一个我没有避免产生的不足发生在我任职的第 10 年，即 1982 年。在考虑我的继任者时我犯了一个严重的错误。它恰好反映了为什么你不愿意待太长时间：因为你停止了聆听。我们有一条运行了 10 年的规则，即任何一位长期通过年度选举成为执行合伙人的人在公司任职期限不能超过 10 年，因此，提名委员会正在决定谁将接替我成为下任执行合伙人。我认为这个规则是很合理的，并且打算做一些不同的事情。董事会友善地为我设定了退休计划，这样在 10 年之后，在我 47 岁的时候，我就可以像 65 岁那样退休了，这就意味着我可以在超过 15 年的时间里获得退休金，而与此同时我还可以做一些其他事情。

在他们商讨了一段时间之后，提名委员会的主席来找我谈话，告诉我董事会想知道我是否考虑继续任职 10 年。他说他们计划修改合伙协议来使这种做法变得合理。我很感谢他们的好意，但是我告诉他说是时候离开了。我之前向提名委员会建议他们可以同时任命两位合伙人：一位作为董事会主席，另一位作为执行合伙人。尽管我们已经有了这种规划，但是，我还是建议重新调整这两个职位的职责。我向提名委员会提出的董事会主席候选人非常擅长与客户沟通和事务交际；而我提名的执行合伙人候选人则在合伙人当中享有很高的声誉，并且才能卓越。当时，高盛就是由约翰·怀特黑德（John Whitehead）和约翰·温伯格（John Weinberg）共同担任执行合伙人，因此我说："为什么我们不能也这样做呢？主席负责对外事务，执行合伙人负责对内事务，这是完美的合作。"

很多合伙人告诉我这种双重职务的情形是不可行的，尽管董事会主席的职责与我任职 10 年间所承担的职责非常相似。很多委员表示他们认为我提名的董事会主席候选人并不适合该职位。事实上，在公司很多核心领导者讨论应该如何阻止那位候选人成为董事会主席的时候，提名委员会已经召开了一次会议。我得知该会议之后就冲进去告诉他们我的想法，然后说："现在我就离开让你们继续讨论。"

我的严重错误在于没有倾听其他合伙人的意见。在我对候选人的建议这一点上，他们是正确的。那两位候选人最终都得到了任命。但是，董事会主席并没有将工作重心放在对外事务上，而是更多地关注公司的内部运营；而那位执行合伙人并没有待在公司，而是希望致力于公司的交际事务。所以说，我对 Touche Ross 做了不少好事，但是，在继任者的问题上我却处理得很糟糕。我们需要做的就是顺着该等级关系选任一位 30 多岁或者是 40 岁出头的更加年轻的合伙人，就像我当时被选任的时候一样。回顾往事，我为这个决定懊悔，但是，我真正懊悔的是我违反了一条主要原则：没有倾听自己尊重的合伙人的意见。

在结束这一章之前，我想提醒领导者注意警惕两个危害性更大的不足。当他们在领导那些专业更加狭窄的合伙人或者专业人士的时候，作为领导者的他们应该具有更加广阔的视野。换句话说，他们必须成为一个无所不知的多面手。当今社会的一大问题在于我们的人才所精通和擅长的专业越来越狭窄。我曾听说一位知名的 CEO 在沃顿商学院告诉他的学生们，他们需要学习一个更加专业化的领域所涉及的全方面知识，然后他们就可以去华尔街挣大钱了。这也许是对的，但是，我怀疑这种方法能否使他们不断成长为华尔街的最高领导者。从教育的立场上看，对于领导者来说，最好的科目就是学习历史。阅读传记同样也是非常有帮助的。

在很多情况下，领导者需要在他们领导的领域里成为一名通才，像保健医生或制造领域的工程师那样。对商业人士来说，最好的教育，就是在本科阶段接受坚实的文科培养计划，然后在研究生阶段攻读商业课程。

另一个需要预防的危险就是骄傲和狂妄自大。我知道我们在前面的章节中已经提过这一点，但是，这是一个普遍的弱点，以至于我们不得不在合伙式组织这儿再次提及。要做到这一点并不像所说的那么简单。当你成为一名领导者的时候，你会收到所有人的祝贺，并且听到大家对你的聪明才智的称赞。你会深陷于一个大家对你的大部分做法——或者是全部做法——都认同，而你可能也这么认为的环境当中，尽管他们可能并不完全信任你。你会在报纸杂志上看到关于自己的文章，你会被邀请在重要场合中讲话，并且当你发表演讲的时候你会受到媒体的采访和追逐，你的言论会广泛地为公众所知，经过一段这样的日子之后，作为一名领导者，你就会相信大家对你的评论都是真的。

你开始相信，大家坚信你的言论的原因是你确实是一名睿智的演讲家，并且具有令人惊讶的好主意。然而，现实情况可能是这样的，即你被邀请在某个场合发表演讲，仅仅是因为你所谓的"名气"，并且你的出席可能会促使更多人出席该场合。同样，你也很容易忘记是其他人给你写的演讲稿，当中提到的睿智观点和雅致语言也并不是你所拥有的。在这种情况下，作为一名领导者，你可能开始认为自己知道的很多，无论什么方面，在大部分情况下，你都认为自己是对的。

一些领导者认为，正因为他们知道如何使汽车发动，就使他们成为了医药、宇宙开发、恐怖主义、社会安全、禽流感以及其他被问到的世界主题的专家。当然，如果和领导者谈论的人对这些主题都有所认识，那么，他就会很快意识到该领导者的知识是如此浅薄。谁会愿意跟随这样一个自我主义、自称无所不知的人呢？

这种自负的想法是致命的。作为一名领导者，你会发现这种想法将妨碍你的发展，无论你领导的组织是什么类型的。但是，当你领导合伙式组织的时候，你会很容易受到这种想法的毒害。当领导者形成这种观点之后，他们就不会再倾听他人的意见，因为他们相信自己早已经知道答案了，因此倾听只是浪费时间而已。他们没有认识到，他们的合伙人和同伴并不认同他们这种傲慢和华而不实的态度。

有这种想法的领导者会发现，在他们离开领导岗位之后，要适应现实是异常困难的。在日后的一段时间里，他们还会按照之前的领导方式来表现，但是却不明白为什么人们不再认同他了。他们会突然发现，原来公司的同事不再给他们打电话；经过一段时间之后，人们甚至不认识他们了。他们也许会经常去打高尔夫球，但是实际上他们并不快乐。听起来这似乎很荒谬，但是我们都知道有这样的人——他们在生活中认为自己知道所有的答案。这不是获得并保持追随者和组织共同发展的正确方式，并且对于领导者来说，这最终会成为致命的打击。

🔄 4.3　在其他组织中进行领导

领导一群合伙人可能是一种理想的培训，在领导其他组织时，领导者就会找到适合自己的位置。这种培训对协会、标准委员会、政府智囊团以及大学董事会都具有指导作用。所有的这些组织几乎都肯定会由那些自我主义并且其预期与领导者对整个组织发展的战略目标不一致的合伙人组成。毫无疑问，在这种组织当中，领导者如果能在内部管理上获得成功，他们在领导其他组织时获得成功的几率就会大大增加。

　　领导合伙式组织并不意味着任何情况下领导者都得和稀泥或得专制。你会有很多机会来实践自己的判断，并且将自己的意愿强加给其他合伙人——比方说，我在丹尼斯·马尔威希尔的案例上所做的——因为你可能会知道一些并不为大家所知的事实。在其他环境下——比方说，在我接管 Touche Ross 之后不久，公司遇到法律危机时期——并没有时间来争论和商议：这时需要快速作出决定。总之，即使你是在领导你的同伴，例外的情况总会发生，而通过商讨来获得一致同意的领导方式可能不会发挥作用，此时，领导者就需要发挥权威作用。知道什么时候抓紧手中的管理权力，什么时候放松，在根本上需要你的判断——最终，这就是领导的关键要素。

小　结

　　■ 领导合伙人要求你在外交手腕和共同掌权方面具有高度灵活性，因为合伙人期望能在组织的发展方向上发挥重要的作用。

　　■ 作为合伙式组织的领导者，你可能会对组织需要什么类型的战略有一个大致的想法，但是，在尝试执行战略之前，在设定具体目标的时候，你必须仔细聆听其他合伙人的意见。

　　■ 你会发现与合伙人之间开放式和持续不断的沟通与交流是成功领导合伙式组织的关键。

　　■ 和合伙人之间持续且开放式的交流与沟通能帮助你在领导道路上建立自己的威信和地位。

　　■ 执行新的战略方向要求你能识别出那些能够帮助你实现该目标的合伙人，并且避开那些不能帮你实现目标的合伙人。

　　■ 新的战略方向通常要求进行创新，因此，你必须在你的合伙人当中培养一种创新精神。

　　■ 你的领导方式必须要使你的合伙人认为你相信他们是你的合伙人。

　　■ 在成功领导你的合伙人之后，要警惕不能变得骄傲和狂妄自大，不要认为自己什么都知道。

第❺章 危机中的组织:
化危机为机会
*C*hapter Five

无论你所领导的组织是什么类型的,你总会在某些时候遇到一场较大的危机。当危机到来时,你必须把握好自己,无论之前你所采用的是什么领导方式。危机的解决需要快速且具有决定性的行动,而这只有作为领导者的你才能够提供。

在本章里,我将会通过几个案例来描述如何在危机中进行领导。在这些案例当中,有些危机得到了妥善的处理,而有些却处理不当。这可能会令人惊讶,不过我还是会讲述如何将危机转化成机会,从而使得组织比在非危机时刻更加快速地向前发展。

5.1 组织类型:危机中的组织

作为一名领导者,你必须认识到危机无时不在。问题在于危机有多可怕。处理这些情况是你的部分职责——因为你是负责人。

在危机时刻,领导会变得非常简练。领导者没有时间来商议和讨论如何作出决定。他们必须直接利用手中对组织的管理权来作出决定,并且坚持自己的决定,"就这样做,马上动手",就像是自上而下型的组织的领导者所习惯做的那样。领导者必须制定一套计划来应对危机。最理想的是能在危机发生之前制定处理计划——或者至少能在危机发生之前制定一些通用性的计划,而不是针对特定的危机作出计划。但是,在很多情况下,领导者并不会这样做,因此在危机时刻,他们不得不作出紧急反应。没有时间来共同商讨决定甚至是表决。这种情况下要求执行——快速地执行——同时保持思维冷静。如果组织的管理团队早已熟知领导者的计划，事情就会好办很多。但是，如果人们不确定领导者的想法或者怀疑领导者的能力，那么执行起来就很困难了。

拉里·博西迪，美国霍尼韦尔国际公司的前任 CEO，当他说在危机时刻领导者的领导方式需要作出改变的时候，一语道出了真理："领导方式变得越来越集中，越来越具有传递性……领导直接下达命令，组织不再像往常那样进行授权。"

约翰·麦克曼，缅因州的前任州长，指出危机时刻人们对领导者的预期也发生了变化。"在平常以及和平年代可以这么做，但是，在危机时刻，组织成员需要的是一种不同类型的领导者，"他说道："在危机时刻，你需要一个具有明确方向、强大决策力，以及有计划、善于沟通的领导者，这样整个团队才知道什么是危险。你需要一些愿意承担责任、愿意站在前面的同伴，并和他们经常沟通，这样，错误信息才不会四处弥漫。"

这种类型的领导者的典型代表就是前任纽约市长鲁迪·朱利亚尼（Rudy Giuliani）。在朱利亚尼的任职期间，直到 2001 年末，他受到了很多正面和负面的舆论压力。全世界都在关注他在 2001 年 9 月 11 日的灾难事件中的做法和想法。在朱利亚尼那本名为《领导力》（Leadership）的书里，他讲述了自己在听到世界贸易中心的第一栋大楼被袭击的消息时的现场反应。起初，他并不清楚是什么类型的飞机撞向了大楼——这究竟是一场意外，还是一场恐怖主义的袭击——朱利亚尼希望亲自调查清楚。他决定亲自到世界贸易中心去查看，因为他坚信自己应该亲自评估每一次危机的影响——这样就不会遗漏重要的信息。当另一架飞机在 15 分钟后袭击第二栋大楼的时候，朱利亚尼已经在现场了——然后他知道这不是一场意外。

这种具有传递性的方式的特征就是，在危机时刻，人们可以从他们的领导者那里看到预期。根据麦克曼的说法，朱利亚尼"给了人们一种明确的方向感，他能够进行沟通，他有计划，一直和媒体沟通，并且能在电视上告诉人们下一步要做什么。这种做法增添了他的个人魅力。"

另一个关于大型组织的领导者是如何有效应对危机的例子，无疑当然是詹姆士·伯克（James Burke），强生的前任 CEO，他有效地应对了所谓的泰诺（Tylenol）危机。1982 年，芝加哥地区有 7 个人因为某位怠工者使用氰化物来包装药品而死亡。伯克当即就作出决策。他没有尝试通过电话或其他方式来远程指挥这场危机，而是立即赶到事故现场，以确保自己获得了事故的第一手资料。他召开了新闻发布会，并在电视上表示，强生将用一切办法，在最短的时间内将药店的同批产品下架，以消除潜在的威胁。他成为了强生的公众代言人。将药品从市场中撤出这个决定对公司来说要支付的代价是昂贵的，但是，伯克明白什么才是最重要的：公众对强生所有产品的信心。由于伯克的亲自处理以及他对组织声誉的关注，使强生安全渡过了这场泰诺危机，公司的声誉保持完好，甚至得到了提高。那些曾经预测泰诺这个品牌将会灭亡的说法被证明都是错误的。在这场危机之后，公司的销售量得以恢复并有所提高。

泰诺危机是突然爆发的，另一些危机则是积累发生而非突发性的——随着时间的流逝这些危机就产生了，并且将领导者带入生死攸关的处境。施乐公司，它的名字就是复印的代表，它的品牌知名度在全球企业中位于最高之列。20 世纪 90 年代，它主动将公司引入了快速变革的数码时代。在这令人愉快的十年过去之后，情况发生了改变，公司面临着更加恶劣的环境。到 2000 年，公司已经陷入了舆论压力当中，很多人质疑公司是否还具有生存能力。收入——1999 年为 192 亿美元——没有增长；利润开始大幅跳水；公司陷入严重的资金短缺，以至于发行商业票据来偿付债务的能力被极大削弱。在第 11 章你将看到公司计划宣告破产。2000 年 5 月，公司解聘了 CEO 理查德·托曼（Richard Thoman）——他曾经是 IBM 的领导者，然后由保罗·阿莱尔（Paul Allaire，在 90 年代的大部分时间里都担任富士施乐的领导者）接替。但这一做法并没有稳定股票市场对公司的信心。施乐的股票价格急剧下降，1999 年 5 月股票价格还保持在 64 美元，然而到了 2000 年 10 月 24 日，它的收盘价仅略高于 8 美元。

也就是在当月，安妮·马尔卡希（Anne M. Mulcahy）在托曼的离职之后被任命为公司的总裁。马尔卡希和阿莱尔很快宣布了转型计划。这个计划包括出售资产来削减 10 亿美元的成本，并计划融资 20 亿～40 亿美元。在接下来的其他措施当中，施乐表示将出售其在中国的业务以及部分富士施乐——日本的合资企业，其主要为亚洲提供产品和服务——的股权以及其他施乐系列相关的股权。[1]

给了马尔卡希极大帮助的一点就是她在施乐所树立的威信。马尔卡希从 1976 年开始了在施乐公司的职业生涯，她是从一名销售代表开始做起的，最终成为了公司的最高领导人。在成为公司的总裁之后，她将自己的经验投入工作当中，并且广泛听取客户、雇员和其他人员的意见。他们告诉她，他们感觉到施乐开始失去重心，变得随机开展项目，而不是根据计划开展最能盈利的项目。与此同时，马尔卡希不得不与将近 60 家银行进行协商，重新讨论公司的信贷问题。如果这些谈判失败的话，施乐将不得不宣布破产。她说服了这些银行，除了两家之外——这两家银行都拒绝改变原来的决定。因此，马尔卡希给桑福德·威尔（Sandford Weill）打电话，他是花旗集团的负责人，也是马尔卡希认为在银行领域中最具影响力的人。她对他解释了施乐目前的状况。"当我坐在那儿的时候，他拿起电话给那两家银行打电话，"她后来说道。马尔卡希最终获得了贷款。

处理危机的手段通常包括大幅削减成本，马尔卡希不得不承担将施乐的员工从原来的 80 000 人削减到 58 000 人这项艰巨的任务。在任务的最初阶段，她裁掉了喷墨印刷机部门（这项技术最后被激光打印技术所替代），这是个被公司认为不再具有竞争优势的部门。

尽管处于最困难的时期，马尔卡希仍然确保施乐不会在研发领域缩减开支，因为这是公司引进新产品并获得长期发展的重要部分。她将研发看成"隧道尽头的曙光"——她的看法是正确的。随着公司业绩的改进，这些研发项目为公司各个层次的产品线提供了巨大的贡献。到 2005 年，公司 3/4 的收入来源于前两年所引进的新产品。在马尔卡希的领导下，施乐的业绩从 2000 年亏损 2.73 亿美元上升到 2004 年实现销售额 155 亿美元，净利润达到 8.59 亿美元。公司的股票价格在过去的 5 年内上升了 75%。[2] 在安妮·马尔卡希的领导下，施乐不断向前发展。公司在 2006 年的年报披露，公司在 2006 年收入进一步增长到 158 亿美元，利润达到 12 亿美元。

在 2005 年 11 月访问沃顿商学院期间，马尔卡希做了一场演讲，讲述了自己在施乐的经历，以及她和她的团队是如何使公司转型的。

当被问到领导方法的时候，马尔卡希说："发挥你的优势，并且不要顺从于其他人对领导力的想象，这是最重要的。这可以让你具有完整的领导类型以及不变的个性。我觉得自己的领导方式和之前开始管理时没有什么差别。我是一个很直率的人。我花在办公室的时间远远少于我和我的团队共同到工厂解决问题的时间。所以可以说，我是身体力行的，同时，我想我也是鼓励大家兼顾娱乐的。即使在最困难的时期，我也喜欢这么想：'这是一份工作，所以放松点，不要将生活和工作混为一谈。'我在工作中投入了大量的精力，但是，我对工作和生活的态度是不变的。"

在这次演讲之后，马尔卡希告诉我，削减成本这项工作得以运作要归功于员工们对该项工作的热情投入。她说："公司不再提供免费咖啡。他们解雇了给工厂浇花的人……他们做了任何可以想到的事情。公司不再提供免费餐饮，我们在 18 个月的时间里没有为员工提供餐饮，没有午餐，也没有早餐。我们尝试使公司上下协调一致。公司没有'富人'和'穷人'之分，大家都是站在同一条战线的。"

安妮·马尔卡希在施乐经历危机的过程中所体现出的领导力，为我对危机中领导者有承担责任的必要性这个观点增添了额外的想法。她确实承担了责任，但是，她同时认识到，为了彻底转变公司，她必须要使关键成员参与到团队当中来，共同解决问题。即使是一位负责任的领导者，在危机中也必须寻找各种方式来使关键成员融入变革的过程。

施乐的这个例子同时体现出危机的实质：将每次危机都看成要克服的困难，实际上是一种错误的想法。危机也能够帮助你和你的组织更好地运营。正如电影《巴顿》中乔治·巴顿将军在他第一次与马歇尔·欧文·隆美尔投入德国战役之前所说："我的一生都希望能够带领众多将士参加一场激烈的战争。现在，我就要这么做了。"危机时期可能是一段令人烦恼的时间，但是，它同时是充满机会的时期。危机事件能够巩固领导者地位，同时非常有启迪性，特别是对于那些没有经历过危机的人来说。只有在危机时刻，你才会彻底地认识一个人。在危机时刻，领导者才能真正知道谁是可以依靠的人，谁是不能依靠的。一些所谓的忠诚人士可能会被证明是自私的，而一些并不起眼的人物可能会隆重登场，作出突出的贡献。这就展现了在危机时刻看到公司以及自己的未来陷入危险之中时人们的不同表现——这是任何一位经历过这种"水深火热"的领导者都可以告诉你的。只有共同经历过困难时期，领导者们才会理解自己的团队。这是令人记忆犹新的经历，也是具有启迪性和指导性的。

如果你认可我之前所说的领导者的首要任务就是引进变革，你就可以在一些案例中发现，危机为组织引进变革提供了潜在有利的环境。很明显，原因在于变革的必要性在危机时刻体现得尤为明显。显然，有些事情必须得到改变，只有这样，组织——无论公司、教育机构还是非营利组织——才能经受得起这场风雨。在卓越领导者的领导下，组织在危机发生之后才能在其带来的广泛且深刻的变革中存活。当危机肆虐，甚至在之后，都会给组织提供一个重整的好机会。在最恶劣的情况下，作为一名领导者，维持对现实状况的清醒认识是非常重要的。施乐的故事完美地体现了这一点。

另一位漂亮地处理危机的强悍女领导者是美国红十字会的前任 CEO，马蒂·埃文斯，她也将危机看成机会。从工作的本质来看，她经常需要处理各种由自然或人为灾难所引起的危机，但是，在她还未加入红十字会之前，她就已经作为海军上将帮助海军处理臭名远扬的"尾钩号"丑闻。她领导特别小组分析那场危机。你可能会记得，那场丑闻涉及海军的性侵犯事件，并且对军队中女性的待遇问题产生了广泛的影响。

埃文斯认为："领导者的责任就是使组织时刻准备好应对危机。你不可能预测到所有的危机，因为有些危机是外界突发事件引起的。但是，没有危机的时候就是你必须使组织准备好面对危机的时候。"

领导者如何才能使组织在危机发生之前作好应对准备呢？根据埃文斯的说法，你应该持续不断地评估各种类型的风险，以作好准备。"我非常推崇风险评估，"她说，"美国的机构已经开展了很多工作，风险的概念也已经从财务风险模型拓展到其他类型的风险，比如名誉风险和合规风险。这些更加广泛的风险定义确实很重要。你不能预测未来，但是你可以通过系统和客观地分析组织当前所面临的风险来预防很多问题。"

红十字会每年都进行风险评估工作，其他公司和机构同样需要进行大量工作。例如，埃文斯说，红十字会会评估诸如天气之类的问题，以分析其是否会引起灾难，然后由组织的 IT 系统处理公众捐献的信息流。"问自己各种各样的问题，不满足于现状，除非你知道答案，这就是一年 365 天你需要做的事情，"她说，"这是很重要的。"

埃文斯道出了危机如何能成为机会的本质，她说："危机中存在机会，某些时候——不是经常，而是当危机足够严重的时候——

人们会愿意做任何需要做的事情来渡过危机，那时你就可以做一些你在两三年前就想做的事情了。没有人喜欢自己已经待了 20 年的组织被媒体嘲笑。为了处理和应对危机，你必须具有完备的计划。"

"我发现，在处理危机的时候，我不能使自己陷入琐碎繁杂的细节当中，我必须环视整个环境。海啸就是一个很好的例子。在早些时候，我注意到我们的拨款速度不够迅速，因为我们在和国际红十字会共同工作。所以，我决定和世界粮食协会（World Food Program）合作，这样我们就可以开始紧急供给的工作。现在，这并不是红十字会的一项使命，但我还是要作出这种决定。这可以帮助我们远离公共危险，因为我们可以报告说我们在早期已经答应为粮食补给提供 5 000 万美元了。这并不是一个受欢迎的决定，但事后证明，这为红十字会获得公众支持起到了重要作用。"

埃文斯提供了一些合理的建议，总结出了在危机时刻进行领导的本质。"在危机中进行领导就意味着要想象最坏的情景，"她说道。"然后，你需要根据自己过去的经验来预测往后将会发生什么事情。在你面对危机或者尝试转移危机的时候，你需要有一个上乘且可执行性强的计划。"能够这样做的领导者——以及能够秉持持续和内外部人士进行沟通这个关键原则的领导者——将能顺利渡过危机，然后从危机中得到更好的发展。

在危机中进行领导是领导者必须修炼的一个领域。他们要准确无误地控制该情形，果断且有效地前进，并且在给下属灌输他们知道应该做什么的时候有明确的目标。

危机能够检验领导者的领导能力，这可能是其他环境所不能体现的。即使领导者未能成功地解决危机，他们的失败也同样提供了有用的经验。

5.2 在危机中进行领导的潜在不足

也许领导者犯下的最大错误就是没有及早认识到危机的发生。

多年之后，我经常看到一些公司朝着悬崖的边缘前进，但是它们却没有意识到自己所处的危险境地，因为它们拒绝承认自己面临危险。通常情况下，这些都是经营了一段时间的公司，并且在过去可能有过一段辉煌，但是它们没能够与时俱进，随环境的变化而进行变革。它们认为自己知道所有的答案，但是这种观点会腐蚀它们，迟早有一天它们将会面临一场严重的危机。

今天的汽车行业就是一个最好的例子，它说明了美国工业似乎不能与时俱进，正走向死亡的边沿。让我们将时间倒退到 20 世纪 70 年代——更恰当地说，应该是 80 年代——很明显，国外的汽车制造商，特别是日本厂商，依靠轻巧、省油和廉价的汽车吸引了众多年轻的司机。这些年轻的司机是未来的购买主力，但是他们并没有购买美国的汽车，因为我们的汽车制造商认为他们不会花钱购买轻巧和廉价的汽车。在那个时候，有谁会认为丰田在不远的未来将会成为美国最大的汽车公司——甚至是世界上最大的汽车公司？有谁会相信美国的汽车市场份额会被国外汽车公司所主导？有谁会相信通用汽车可能会破产？有谁会相信福特汽车公司一年会亏损 127 亿美元？在当今的环境中，汽车公司为继续存活下去所做的事情正是它们至少 10 年前就应该做的事情，而不是像行业中的某些公司那样坚持认为自己无所不知。

航空公司展现了另一个行业危机的例子，尽管一再被否认，仍有很多人认为自己无所不知。像全美航空、联合航空和达美航空（Delta）这些航空公司都已经提出破产保护了，其他很多像西南航空和捷蓝航空（JetBlue）这样的航空公司，也通过以低折扣加入价格战来应对降低成本和提高上座率的竞争。像泛美航空和布兰尼夫国际航空（Braniff International Airlines）这些曾经辉煌一时的航空公司也已经步入了衰退。航空业以及航空协会的领导者们不愿意面对行业产能过剩的现实，尽管会很痛苦，但唯一可行的解决方式可能就是让一些公司永远地消失。在之前的管制年代，即使以 50％ 的产能进行运作，航空公司还是能够盈利的。这已经不再可能了。

根据一项评估，"当 1979 年开始解除管制的时候，顾客确实从低价中享受了好处，但是，航空公司却不能解决由于前期高昂的固定成本所产生的高负债问题。"[3]没有认识到现实问题使得航空公司难以进行行业转变上的变革。和汽车行业一样，航空公司的领导者拒绝面对困境，他们等待了过长的时间，以至于未能采取果断措施帮助行业中的部分公司走出当前面临的危机。当前并购的趋势能否拯救这些工业巨头还有待证明。

对于尝试领导公司走出危机的领导者来说，面对这种死亡边缘的状况是最严峻的挑战。伊恩·贝尔（Ian Bell），我之前在 Touche Ross 加拿大分所的一位同事，在一些情况下担任了破产程序的管理人。他经常说，在破产机构，让每个人都注意并且认识到他们正面临着一种严峻的境况——而他将负责处理这种情况——是最困难的。

有一次，他到一家宣布破产的建筑公司去，那家公司的所有人问他是谁。"我是这次破产清算的负责人，"贝尔回答道。那家公司的所有人说："嗯，其实我们并不真的需要你，因为我相信公司只是在短期内遇到了一些问题，很快就会恢复正常。我们根本就没有破产，所以，如果你需要待在这儿的话，就到后面的办公室去吧。那儿有咖啡，即使你没有什么事情可做，也可以随意享用。"

贝尔直直地盯着那位所有人，问道："停车场上的那辆劳斯莱斯是谁的？"那位所有人说："是我的。"贝尔又问那辆汽车是否是以公司的名义登记的，那位所有人说："是的。"贝尔说："把车钥匙给我。"那位所有人还在犹豫的时候，贝尔说："我想你还没有认识到，我来这儿是要在最短的时间内尽我最大的努力清算这家公司。由于这是公司的财产，所以这辆劳斯莱斯将会首先被清算。"就在那时，这位所有人第一次认识到日子已经不同了，公司已经破产了。

为什么对危机的拒绝会如此广泛地存在？亚利桑那州立大学凯瑞商学院（Carey School of Business）的院长及沃顿商学院高级经

理培训课程的前任副院长小罗伯特·E·米特尔施泰特（Robert E. Mittelstaedt，Jr.）道出了一种可能的解释。他在近期的著作中写道，最终以危机形式出现的情景其实在开始的时候总是以被忽略的微小错误开始的。"安然、世通以及南方保健（HealthSouth）都是广为人知的大型商业灾难，"他写道，"从其影响到的雇员数量、养老金计划和股东利益以及对它的会计师事务所安达信的影响等方面看，安然事件甚至可以被列为一场大型的经济危机。随着调查的展开，我们可以认识到，没有什么坏结果是由于某次单独的失策计划或行动引起的。每一次失策计划或行动所引起的结果都体现在了一系列复杂但未引起注意的错误当中，并且这些错误在推崇高风险高收益的博弈中被认为是不重要的，因此被看成小事情或者被故意忽略。"[4]米特尔施泰特说，公司必须要在这一系列微小的错误逐步扩大转化成可怕的危机之前找到相应的解决方式，以避免这种情况的发生。

在对他就专著进行访谈的时候，米特尔施泰特说："很多领导者并没有认识到这种传递作用。他们将最终的错误归结为之前没有警示从而导致他们未能注意。问题在于有很多地方是你可以介入的，特别是在你设计了内部监督职能去发现并调查有缺陷的流程和组织架构的时候。"这些流程可以根据经营标准进行调整，以满足客户服务的需求。"在市场上，客户也许是最重要的外部感应器，"米特尔施泰特说，"由于公司的市场/客户服务部门通常都是和战略及财务职能相独立的，因此，很多有价值的客户信息都被遗漏了。"

即使组织能预先认识到未能预测的危机可能会危及它们，它们的领导者也可能不能及时采取适当的措施。我知道，要识别出所有潜在的危机是不可能的，但是，预先考虑这些潜在危机可以在你开始处理危机的时候提供帮助。这种做法的不足是，在危机发生的时候，你并没有采取预先计划好的行动。

当我作为信孚银行（Banker'sTrust）的董事会成员的时候，我就有一些预先为危机设计行动方案的经历。我建议 CEO 成立一家小型机构，其目标是关注可能对银行产生严重威胁的潜在状况，并且寻找可能的解决方案。他组织了四五个人，其中包括一些非本银行的成员。我们聚在一起商讨了半天，讨论了机构可能面临的潜在风险。我们谈论了五六种可能的情景。我对其中两种情景记忆犹新。第一种情况是，如果日本股票市场暴跌，将会给银行和金融机构带来什么压力？信孚银行当时在日本有很大的市场份额。第二种情形是，如果我们的衍生品领域发生危机，结果会怎么样？我们为客户提供衍生品交易的主要风险来源于对手方，它们大部分都是国外机构，并且在某些情况下很难分辨当存在需求时它们是否能够进行交易。董事会同时还关注其他一些问题，我认为在这次商讨之后，以银行为中心的机构会从战略的角度来关注和跟踪这些问题，并会更加仔细地考虑出现这些情况时应该采取什么行动。后来（日本）东京证券交易所指数的确下跌了，当信孚银行由于衍生品交易而蒙受巨额损失的时候，衍生品危机同时发生了，从而引起了像宝洁、吉布森礼品公司（Gibson Greetings）这样的客户的起诉案件。信孚银行的声誉受到了严重打击，但是以弗兰克·纽曼（Frank Newman）为首的管理层并没有针对这场灾难作出相应的应对措施。最终，信孚银行在 1998 年以 100 亿美元左右的价格被德意志银行收购。在我看来，导致信孚银行这个美国银行业巨头失败的部分原因是领导者未能有效地应对危机。

另一个领导者可能会犯的错误，简单地说就是对展现在他们面前的当前危机没有采取迅速的行动。已故的劳伦斯·G·劳尔（Lawrence G. Rawl），在埃克森公司（Exxon）瓦尔迪兹号（Valdez）漏油事件时期担任埃克森的董事会主席兼 CEO，为埃克森服务了 39 年，并在 1987—1993 年担任公司的董事会主席兼 CEO。但是，在他主持公司事务期间，其所做的有益事情，比如增加石油储备，都被未能有效处理石油泄漏危机这个被广泛认为归咎于他的失败所遮蔽。

那次事故是众所周知的。1989 年 3 月 24 日，油轮在美国阿拉斯加州的威廉太子湾撞上了暗礁，导致 1 100 万加仑的原油泄漏到大海中。这是美国最严重的环保事故之一，污染了超过 1 000 英里的海岸线，同时还影响了鸟类、海洋生物以及沿海渔民的生计。尽管如此，埃克森并没有在事故发生的两天内进行清理——劳尔几乎是在三周之后才抵达原油泄漏的现场。

这种对危机的迟缓反应伴随着产生的环保事故，转化成了埃克森的公共关系灾难。最终，埃克森不得不就此怠慢在报纸上刊登整版的致歉。到 1992 年该危机得以解决的时候，埃克森为此危机支付了超过 20 亿美元的代价。

即使领导者对危机作出了迅速的反应，他们也未必能够从他们计划采取的行动中想象到结果将会怎样。英国广播公司（BBC）在 2004 年年初的案例就是一个典型的星火燎原的例子，这最终导致了公司的董事长和普通董事的离职。一位 BBC 的播报员在广播里说布莱尔政府"可能知道"伊拉克萨达姆政府拥有大规模杀伤武器的说法是不正确的。

布莱尔政府对此非常愤怒，并且命令大法官赫顿勋爵（Lord Hutton）对此进行质问。为那位播报员提供稿件的作者自杀了，同时赫顿法官那份长达 740 页的事故报告也指出了 BBC 的一些弊病。按照沃顿的教授马丁·康勇（Martin Coyon）的说法，BBC 本来可以更好地处理这场危机的。在真相未被发现之前，它应该只是有条件地支持它的播报员。然而，在抵御政府抨击的过程中，它在事情真相被揭露之前就为那位播报员辩护——领导者因此而别无选择，在司法报告指出 BBC 犯错的时候只能选择下台。[5]

5.3　其他方式

我以采用另一种方式来处理危机的领导案例来结束本章的内容。雅各布·沃伦伯格，瑞士某著名富裕家族（在银行和工业界的经营时间超过 150 年）的一员，认为危机时期的领导方式以及领导者在所谓的正常时期应采用的经营方式这二者之间没有什么差异。"某些情况下，领导者不得不进行领导并指明方向，"他说："但是，我认为正常时期的管理和危机时期的管理之间并没有显著的差别。在这两种情形当中，领导都只是授权的问题。"

为了解释这种说法，沃伦伯格说，在或大或小的组织中，领导者必须以员工为中心。"你越是能得到雇员的通力支持，你工作的质量就会越高，同时领导者得到的员工支持度也越高，"他说道。为了使这种做法有效进行，沃伦伯格说，授权是非常关键的。授权将责任依次联合在一起。无论采用简单的口头协议形式，还是采用一种更加正式的形式，"原则就是归结于授权。你可能恰当地进行了授权，也可能没有。如果你赋予了其他人权力，你就不得不削减自己的权力。但是，如果你能恰当地进行处理，反而会使自己的实力得到增强……你通过使你的员工获得成功来使自己成功。"

在危机时刻，授权就会变得更加重要，因为"让所有的员工履行自己的职责，对危机管理是非常重要的，"沃伦伯格指出。"就像消防演习一样，在危机时刻，使人们拥有权力是更加必要的。"沃伦伯格解释道，现代的服务机构在本质上是扁平化的，如果期望人们在危机时刻寻求领导者的指导，而不是直接站出来应对危机，将会是一种不足。"最好地说明了组织对危机训练有素的例子就是现代军队，"沃伦伯格说，"在危机时刻，他们让年轻人承担巨大的职责。这些年轻人不能打电话求援或寻求指示。"

当然，问题也就来了：一个组织是否也应赋予它的员工如此大的权力和责任呢？领导者在危机时刻的作用又是什么？根据沃伦伯格的说法，领导者在危机时刻的作用就像父母一样——提供支持和指导。"你必须站出来应对危机——这是非常重要的，"沃伦伯格说道。"除非你这么做，否则人们就会失去方向，随之而来的就是混乱局面的产生。"

小　结

■　作为一名领导者，记住，你是负责人。所以，你必须是最终负责并亲自应对危机的人选。

■　尽可能在最短的时间内找出事情的本质，但是，你可能没有时间过度研究该情形。你的方法应该是"行动，马上行动"。

■　执行是关键。如果可能的话，你必须拥有一套跟踪体系来观察人们是否按照指示行动，并且是否及时采取了行动。沟通和交流也是很有必要的，并且，关键的沟通应当是直接进行的，而不是通过第三方来传达。

■　在危机中经营的一个积极的方面就是，你可以发现你的员工的优秀品质，而这可能是在其他时候所不能发现的。

■　你既可以在情况紧急时、也可以在危机得以平息之后，将危机作为引发变革的时机。你必须具有一个充满热情的基础平台，这不仅能够帮助你快速引发变革，同时还能在组织中建立系统的变革，否则你将难以执行变革。

■　我们应该努力预测危机。你不可能预测出所有的危机，但是，坐下来仔细思量几种可能对组织产生重大影响或可能对组织的生死存亡产生重大影响的情形，然后讨论其可能引发的后果，这是有必要的，即使这些情形发生的可能性微乎其微。然后，设想一下在这些情形发生的时候应该采取什么措施。也许有些后果是相当严重的，因此，预先设计一套解决方案是值得的，因为如果危机真正发生，获得解决方案所耗用的时间将会更长。

■　也许有必要成立一个至少由几个骨干成员组成的危机小组。尽管这些小组可能由于环境的不同而有不同的表现，但是，你可以让这个小组定期告诉你各种可能发生的潜在问题，然后理解危机管理所引发的常见问题。

■　拒绝是困扰即将面临危机的组织的一个主要问题，且不能帮助组织识别危机的征兆。应预先有效地识别危机的警示信号，在那些危险情形转化成严重的危机之前采取恰当的措施。

注释

[1] "What Xerox Should Copy and Not Copy from Its Past," *Knowledge@Wharton*, October 25, 2000.

[2] These facts and those in the remaining parts of this section are summarized from "The Cow in the Ditch: How Anne Mulcahy Rescued Xerox" and "Crisis Helped to Reshape Xerox in Positive Ways," *Knowledge@Wharton*, November 16, 2005.

[3] "Few Survivors Predicted: Why Most Airlines Are Caught in a Tailspin," *Knowledge@Wharton*, February 9, 2005.

[4] *Will Your Next Mistake Be Fatal: Avoiding the Chain of Mistakes That Can Destroy Your Organization*, Robert E. Mittelstaedt, Jr. Wharton School Publishing, 2005.

[5] "Get Me Rewrite: How the BBC Mishandled Its Own Crisis," *Knowledge@Wharton*, February 25, 2004.

第 ⑥ 章 组织变革:
转变组织文化
*C*hapter Six

在以下几种情形中，组织必须进行变革。其中一种情形就是，当组织所处的经营环境发生变化时，组织却没有相应地发生变化，并且再也不能有效地运作。另一种情形是，组织随着时间发生了变化，虽然经营环境没有变化，但是它的运作效率变得越来越低。第三种情形是，当两个组织合并成一个新组织，或者联合经营时，相应地，这两个组织都要为实现共同有效的运作进行变革。

本章将会描述当你的组织由于以上原因而必须采取变革时将会面临的问题。本章的一条主线就是，组织文化通常是变革中最大的障碍。

由于任何变革的目标都是为了创建一个成功的组织，因此本章将会以询问领导者成功对他及其组织成员意味着什么这个问题开始。其次，本章将分析一个面临着组织架构、经营流程、组织战略与现实环境不匹配的组织案例。再次，将检测两个文化不同的组织合并之后和谐有效地适应相应环境所面临的特定挑战。然后，讲述一些可能有损组织变革的潜在不足。最后指出，最初的工作所处的环境变化时，领导者要小心行事。

6.1 组织类型：变革中的组织

在组织中，领导的主要任务之一就是引进变革——特别是在组织由于疏忽、经营优先级安排不恰当，或者不能适应经营环境而导致竞争实力下降的时候。

成功引进变革由你这个领导者开始。事前要作好面对困难的准备，因为领导变革可能是一场艰巨的战斗。记住，失败和逆境是成功的关键要素之一，这是很重要的。当人们说成功是一个过程而不是目的时，其背后的观点是，成功不过是在实现目标之前你在该过程中经受考验的能力。很多情况下，我们会认为失败和逆境与成功无关，然而在现实当中，它们是我们成功地实现目标之前必须要跨越的障碍。这就是为什么我认为坚韧和弹性是领导者最重要的品质之一，并且在领导变革的过程中，这一点尤为突出。

只要态度坚定，你就可能产生一些灵感——我也一样——从托马斯·爱迪生对待成功和失败的态度中就可以看出。在爱迪生发明白炽灯的过程中，他采用了无数种材质进行试验，以求找到最适合充当灯丝的物质。这是沉闷、伤神且耗时的试验。爱迪生试验了一种又一种合金——并且尝试使用了各种组合，但还是没有找到合适的材料。当他的同事看到他辛勤付出的时候，问他是否被这种重复的失败所挫败。爱迪生疑惑不解地看着他们，问他们所指的失败是什么。毕竟，他已经成功地发现这些材质是不适合充当灯丝的。爱迪生最终找到了适当的材料——同样是从无数的试验和失败中使用其他方法创建了一种以电力为基础的简单照明方法。从这个例子中我得出的结论是，你只有在思想中接受失败，你才是失败的。

我在沃顿商学院教授领导力课程的时候，从 MBA 学员们如何看待职业生涯的成功中吸取了经验。在某堂课上，我让学员们谈谈在生活当中他们所认为的成功是什么。那是第二年的课程，因此学员们都忙于各种咨询机构或投资银行的面试，这也是他们脑海中的头等大事。他们对此的反应就是获得在麦肯锡或者高盛的工作机会，然后挣到大笔钱。我让他们下课后，在下一堂课之前——几天之后——想象一下，当他们处于职业生涯末期并回顾自己人生的时候，会如何看待成功的事业和生活。这一次得到的答案，正如你可能想象到的，是完全不同的。答案不再是关注于找到一个声名远扬并且提供高薪的雇主，而是转变为拥有一个幸福的家庭、能回馈社会、能开心地和他们所尊敬的人共事以发挥他们的潜能。在思考真实的长期目标之后，从长远的角度看，这些成为了比挣钱更重要的因素。

绝大部分关于领导力的理论都指出领导者最终的任务就是帮助他的追随者们发挥最大的潜能。如果领导者真的能够这么做，不仅个人能够实现他们的目标，而且整个组织也能从员工们的最大贡献中受益。因此，理解追随者们心目中的成功是什么，就可以通过自己的激情来点燃他们的激情，从而实现真正的变革。

理解你所认为的成功与你领导的员工所认为的成功之间是存在显著区别的，这点非常重要。你认为的成功是使组织变革，而他们所认为的成功可能是多种事务的结合。为了认识到这些事情可能是什么，我想暂停一下，并讨论光辉国际（Korn/Ferry International，全球高级管理人才顾问公司）的一项研究。

在 20 世纪 80 年代中期，这家机构展开了一项关于领导者如何看待成功的著名研究。通过和美国加州大学洛杉矶分校管理研究生院的合作，这个研究项目分析了美国著名的大公司的高级管理者们对他们事业的各种看法，并且研究了他们的教育、家庭背景以及个人信息。1986 年的这次研究所关注的问题和之前 1979 年进行的具有里程碑性质的研究所关注的问题是类似的。我不知道这种类型的研究近期是否还在进行，但我相信他们的研究结果在今天仍然是适用的。

被研究的管理者中 42％从事的是工业，13％从事银行和金融服务业，8％从事保险业，6％是交通运输业，5％是零售业。剩下26％主要是为公共事业、能源公司或科技企业服务。超过 70％的被调查者在他们的职业生涯中为 3 家甚至更少的机构提供服务——他们为当前雇主提供服务的时间平均将近 17 年。

这些管理者是如何看待成功的？大部分常见的解释都具有启迪意义。他们中的许多——28％的被调查者——将成功定义为享受工作，而25％的人将成功看成影响变革的能力。"紧随这些观点的是地位（13％）、控制组织环境（12％）和权力（10％）。金钱也被看成一项重要的标准，但是仅有8％的支持者，"研究人员指出（这些比例的加总数并没有达到100％，因为这里没有罗列所有的因素）。[1]

当被问到强化成功的特征的时候，被调查者们令人震惊地都将正直（71％）、关注结果（57％）和负责任的态度（50％）作为三大重要因素。研究人员注意到，这三大因素的顺序和他们在1979年的研究相比发生了变化，当时管理者们将关注结果看做成功的最重要驱动力。有趣的是，1986年的调查报告同时揭示出创造力和积极态度在强化成功的价值方面变得更弱，不像之前70年代的调查那样。

最后的调查问题是识别对成功起最大影响作用的因素。这些管理者们将努力工作看成至关重要的因素，接下来的其他要素是雄心、运气、有效执行、坚定不移和沟通技巧。很多管理者同时还表示，成功取决于"承担风险的意愿、激励员工的能力、自信、领导力、自我驱动以及适当且谨慎的计划"。

尽管这些只是80年代高层管理者的观点，但在当前仍然是适用的，也许在互联网浪潮以及90年代之后，这些要素的排序发生了变化。2000年，光辉国际和伦敦商学院合作进行了一项研究，名为"当今领导者的明天：事业渴望和激励"（Tomorrow's Leaders Today：Career Aspirations and Motivations），明确地显示了人们思考的转变。这一次，光辉国际和伦敦商学院的研究发现，"互联网可能带来的新生活方式"导致了雇员和雇主之间权力的转变。"最重要的是，管理者自身已经发生了变化，"研究人员写道，"无论在刚设立的企业，还是在经历过裁员重组的知名企业，员工忠诚度已经是过去的说法了。"正如一位从传统咨询机构中出来的管理者所说："我想忠诚已经不存在了，剩下的就只是机会。"[2]

管理者在21世纪的领导事业中看到的另一个主要转变就是更

加强调独立自主。"当今高绩效的管理主要受到两种自主性的影响，"研究报告指出。第一种就是工作中的自主，这被管理者们定义为"控制他们各自的项目，控制计划和按照重要性优先排列他们各自的工作的自由——然后以此为根据提供回报"。第二种是来自工作的自主，这被看成"一种工作和生活的更加平衡，更少地受办公地点的影响，从而使他们拥有更多的时间"。

根据这两项发现，研究人员总结出公司当今面临着重大的挑战，因为工作风气已经"完全从公司导向转变成市场导向了"。换句话说，高绩效的管理者们的发展目标已经从提高个人对公司的潜在价值转变为提高他们对未来市场影响的潜在价值。"他们希望成为企业家——和市场相互作用——而不是官僚地在组织中寻找地位。他们希望获得来自外界的培训和发展信息，而不仅仅是接受导师站在内部角度所进行的讲解。"

不要被光辉国际所引用的 21 世纪的新型观点扰乱。这和本书讨论的中心思想是吻合的——正如在第 1 章开头所介绍的：发掘追随者们的需求和目标，帮助他们实现目标，并且最大限度地发挥他们的潜能，使他们的目标和你的目标保持一致。不重视你所领导的人对成功的看法，可能会导致领导者走上错误的道路。

🔄 6.2 领导者如何变革组织

归根结底，在长期时间内成功地领导组织变革取决于领导者对发展战略的观点。根据我在 Touche Ross 和沃顿商学院引进变革的经历，我认为任何一位关注组织变革的领导者都应该考虑以下所提到的过程。这不是引进组织变革的唯一方式，但对我来说是有效的。至少，这对你运用自己的变革方式来说是一个起点。

1. 广泛听取意见。 在你能够对组织引进变革之前，必须尽可能深入地了解组织所处的现实环境。为了做到这一点，你首先要做的就是广泛听取意见。在我正式接任成为沃顿商学院的院长之前，我花费了大量时间去聆听教师、行政人员和学生们的心声——这有助于我了解学院的整体情况。

2. 制定战略计划。 在听取了他人的意见和看法之后，你必须要消化收集到的这些信息，然后制定出对应的战略计划。在制定战略计划的过程中，即使你之前已经有了很多主意，也要经常定期地和你的领导团队进行沟通，并且以探讨的方式和他们讨论该战略计划。这样不仅有利于计划的完善，而且有助于确保团队致力于该计划。在计划被确定之后，就应该执行计划，并实现里程碑式的成就。委派一些内外部专家进行管理并不是必要的步骤，但是他们可以在后期的具体环节中给你提供帮助。

3. 确保你拥有恰当的团队来执行计划。 你很可能会发现，无论你怎么做，都不可能使每个人赞同变革。因此，你需要引进一些新人。每当停滞不前时，骄傲自满的成员必须要被那些具有新想法和创新性、灵活性的人员取代。这就使领导者能够组建一个可信赖的团队。令人难以接受的事实是——这对一些高姿态的 CEO 来说很难接受——领导者几乎不能像其他人（以及他们自己）所想象的那样进行集权管理，并且，如果他们没有一些得力的助手来执行该计划，那就不要再谈变革了。

记住，当你在引发变革的时候，事情不会由于你签发了一个宣布式的备忘录而改变；变革也不会由于你让执行机构所有精明的成员都记录要做什么和应该怎么做而发生。只有车轮在道路上转动——并且由一线经理管理的时候，变革才会发生。作为一名领导者，你应该多花时间和他们在一起，给他们提供指导，并且在他们完成任务的时候给他们提供更好的回报——比大部分公司所提供的回报都高。

4. 经常沟通和交流。 光有一个确定性的书面计划，并且让员工们记录下来是不够的。如果你希望变革成功，你必须经常和大家沟通该计划，让组织每个层级的每个员工都能明白该计划。

5. 将个人目标和组织的战略目标联系在一起。 战略目标对大部分人来说是没有意义的，除非它和人们的个人目标联系在一起。作为一名领导者，你必须确保员工的薪酬、晋升和其他激励措施与战略计划所设定的目标紧密联系。这就揭示了决策必须按照层级推进。由高层决定本应由下一层级决定的事情是很危险的。如果组织必须要等 CEO 来决定每个问题才能继续前进，那这个组织就真的陷入了困境当中。在任何一个组织中，低级别经理都不得不参与所有事情这种情况受限于经理的时间和及时作出决定的能力。当然，你需要参与大部分重要的战略决策，但日常的经营性决定应该授予大量能担此任的人们。组织中每个层级的人都必须意识到他们不仅具有决定的权力，还具有作出决定的责任。

只有当你能够动员每个人——特别是核心管理人员——围绕着你的战略进行努力的时候，领导才是有效的。这取决于你是否理解我在第 1 章所讲述的一条领导原则：领导者发掘追随者的目标、愿望和需求，并使他们相信领导者确实是努力帮助他们实现这些预期目标的。与此同时，为了实现组织的目标，领导者必须将员工的个人目标和组织的整体目标——比如战略计划——联系在一起。

6. 根据计划衡量你的表现。你如何知道自己的工作处于正常的发展轨道上？你必须经常评价组织是如何按照你预先设定的标准运作的。这通常是有帮助的，如果外部机构能够涉足这种跟踪评估，你就可以有一种客观的观点，而不是通过一种美好的想象，来使得特定领域的内部人士相信，并使得他们看到成功。在沃顿，当决定我们的战略计划，包括聘任顶尖教师、增加融资、优化课程等目标，以及简化衡量标准的时候，我们经常关注并交流我们的计划实现了多少。

7. 随着前进中遇到的状况修正战略计划。即使最优的战略计划，也不能预测将来的事情如何发展。前进的过程中可能会出现新的机会，其中一些看上去很有希望被认可和执行的计划可能在努力实现的过程中就破产了。当发生这种情况的时候，盲目地坚持原来的蓝图是无益的。即使在继续坚持你的战略的时候，你的战略也必须具备一定的灵活性和动态性，以便你能够作出战术上的调整。

8. 遇到障碍的时候，要让组织知道。 组织惯性是真实存在的。它们可能体现为一些部门管理者不认可、不执行计划，或者不断找借口来解释为什么他们不能实现他们应实现的目标。他们妨碍你的前进，希望计划破产，或者更有甚者，希望你离开这个组织。如果发生这种情况的话，不要回避现实情况——以组织的整体利益作为出发点采取行动是有必要的。解雇那些部门管理者——你可能会认为他们并没有那么优秀。他们以消极的方式进行管理，并且美其名曰保护自己的部门免受执行机构及高层领导者那些疯狂计划及产生的问题的破坏。与此同时，提升那些工作出色的部门管理者。让所有人都知道你对该战略计划的严肃态度。

9. 为每个里程碑式的成就庆祝。 公开表扬和奖励那些为战略计划的成功实现作出贡献的人。这就是你在前进道路上使每个人保持动力的方法。

6.3　三种变革

现在我们来讨论在引发组织变革的过程中必须要采取的措施。先来看看三位领导者进行变革的经历，分析他们的做法是如何与我之前所讲述的保持一致的。戈登·贝休恩（Gordon Bethune）在1994年从波音公司离开出任大陆航空公司的CEO时对公司的组织文化进行变革，展现了他的领导才能。他说固定航线是"到哪儿都慢"。航空公司当时面临着所有可能困扰组织发展的问题，而航空公司的任务就是将人们及其随身行李安全、及时地从一个地方运送到另一个地方。通过像"到达时间不偏离既定计划的15分钟"或者"行李丢失率"等衡量质量的指标来判断，大陆航空在美国前10大航空公司中是最差的。可以理解，它的客户是极度不满意的。根据贝休恩的说法，1994年大陆航空的投诉率几乎"是行业平均水平的三倍"。

大陆航空陷入这种困境的主要原因是其前任领导者过度削减成本。贝休恩知道，要使航空公司良好地运营，成本是必不可少的，但是，由于大陆航空的费用被大幅削减，因此不能有效地经营，公司的生意就开始变差了。"你可以使用极低的成本来制作一个比萨饼，但是没有人会吃；你也可以使用极低的成本来运营一家航空公司，但是没有人会坐这家公司的航班。"他说："过度削减成本是不可取的。"

贝休恩决定关注引起这些问题的根本潜在原因，而不是只是关注那些表面原因。"就像病人到医生那儿说自己的腿肿一样，"他说："医生却检查病人的血压。如果那是问题的根源，那么他在治愈病人的腿肿问题之前就确实不得不认真对待病人的血压。"

他同时还知道，成功取决于他为他的员工们制定一个清晰明确且令人信服的战略的能力。

6.4 制定战略的四个要求

首先，贝休恩知道航空公司最重要的事情就是确保乘客及时到达目的地。正如他所说的："我们需要一个对我们的客户持续有效的产品策略。在会见我的雇员时，我都会举起我的腕表对他们说，'这个表每天都在走，每年 365 天都在走，它是绝对可以信赖的。这就是客户衡量它的价值的方式。'大陆航空也必须要可以信赖地将它的客户运送到他们想去的地方。"

第二，贝休恩说明了大陆航空需要一个有效的营销战略。这个战略包括确定航班应飞往的目的地以及相应的价格。"开发这个营销战略，包括确定产品的分布地点以及产品定价，"贝休恩解释道："你必须要在自己可以获胜的地方和自己竞争。"

第三，大陆航空需要一个财务计划，确保它具有充足的资金和流动性来满足航空公司运营的需求。"我们需要一个适当的资本结构，就像使我们的肺部拥有氧气一样。"

贝休恩的战略的第四个要素——可能是最重要的——就是人才战略。如果大陆航空的员工没有投入到战略中来改变公司的状况，那么这些产品、营销和资本战略是不会发挥作用的。"我们必须得到员工对战略的信心和关注，同时，我们必须使这四点要求同步运作。"贝休恩说道。

这四个要素的每一个都有好记的名字，这个计划就被称作"制定战略的四个要求"。它们分别是：

- 为成功飞行（营销战略）
- 为未来融资（资本战略）
- 确保可靠性和可行性（产品战略）
- 共同努力（人才战略）

6.5　人才战略

就战略的四部分而言，贝休恩知道第四部分是改变组织文化的关键。公司拥有 40 000 名员工，他们需要朝着共同的方向努力。问题在于，经过几任 CEO 的领导之后，由于每位领导者对什么是正确的、如何满足自己的要求等都有明星偏好，因此员工们都已经变得愤世嫉俗，士气低落。正如他所说的："我们可能会有完美的计划，但是如果执行被搞砸了，这个战略是永远不会发挥作用的。""大部分的失败都是由于执行失败引起的。你是 CEO，但并不意味着员工们要屈从于你。我经常去钓鱼的湖泊是属于我自己的，但我还需要诱饵。如果你要让员工去执行战略计划，你必须对他们表示欣赏和感激。"

贝休恩制定了一个简单的计划来展示其对员工的欣赏。他宣布，每次大陆航空由于航班准时而排名在美国航空公司前 5 名的时候，所有员工都会得到一笔奖金。大陆航空提出，员工得到的奖金将会根据一个基本公式计算得出。当航班延误时，公司需要支付额外的 500 万美元；如果航班准时，贝休恩会考虑将一半的金额——

250 万美元，或者每人 65 美元——发放给员工。尽管这些金额并不高，但它具有巨大的象征意义——它表明公司意识到并且愿意对员工的成绩作出回报。"这是对员工表示感谢，"贝休恩说道。这个计划发挥作用了。到 1995 年 3 月的时候——他上任后仅仅一年——大陆航空在航班准时率方面在美国航空公司中位列第一。

贝休恩同时还提出了利润分享计划，即 20％的税前利润将属于员工。大陆航空的股东对成功的观念和客户对成功的看法是截然不同的。对于股东来说，衡量成功的主要指标是公司的盈利水平。贝休恩灵活地认识到，即使航班准时起飞和降落，员工们通常也比较偏好选择非满员的航班而不是满员的航班，因为这对于他们来说意味着工作量的减少。然而，如果雇员们知道他们将获得部分收益，他们就会尽最大可能使每架航班都坐满乘客。"如果我和你分享利润，你就不会愤恨你必须要更加努力为客户提供服务这样一个事实，"贝休恩说道。"当客户满意的时候，员工也会得到满意的回报。最后，所有员工都知道，他们的利益是和客户的利益一致的。当一方盈利的时候，双方都会盈利。我们就像一个团队一样，我们战胜了竞争对手，而不是忙于内耗。我们的40 000名员工都朝着一个共同的方向努力前进。"

这个计划再一次发挥了作用——1995 年 7 月，大陆航空宣布公司的季度利润实现了历史上的最大值，并且年末的时候，公司实现了 2.25 亿美元的利润，这也是公司 61 年来实现的最大利润。

6.6 大陆航空转型的经验和教训

在戈登·贝休恩领导大陆航空公司进行转型的过程中，我们可以得出什么经验？当被问到这个问题的时候，他解释说："在员工满意和公司成功经营之间存在着一种相互关系。如果你是一名领导者，你必须花时间和精力来考虑这个问题。你不能依赖你的人力资源部门去解决这个问题。你必须亲自处理。"

贝休恩同时认为，持续和员工交流是他在大陆航空获得成功的关键。"在足球比赛开始前，所有人都挤作一团，"他说。"他们是各个不同的个体，而不是团队的一部分。在和员工的会谈当中，我都会举起自己的腕表说：'这个表的哪一部分是不需要的？'我们需要所有的员工，并且我们和每位员工进行交流。每个周五，我都会发出一份 3～5 分钟的语音邮件，邮件的内容是关于大陆航空的经营状况的。每位员工都会收到这封邮件。另一条我所遵守的规则就是绝不撒谎。你不能对你的医生说谎，你不能对你的律师说谎，你也不能对你的员工说谎。这就是帮助大陆航空转型的基础。"

贝休恩说，领导者需要的不仅是营销战略和资本战略，还需要更多别的因素来获得成功。"你的大部分成功取决于你的正直以及你在员工当中激发的信任。你相信你的妈妈爱你——即使她有时候会生你的气。这就是母性的可靠性以及它的价值。要经营一家航空公司，人们必须信赖你。你必须赢得这种信任，来成功地担任领导者的职务。有时候别人会问我：'你怎么知道员工有这么多想法？'我说：'我也曾经是一名员工。'"

我曾在第 1 章"领导原则：成功领导的基本原则"里介绍过拉里·博西迪，后来在第 3 章"自上而下型的组织：模仿这种组织并不简单"中也提及。他在领导组织变革的经历中，折射出了如何领导组织变革的道理。在组织中引进变革有时会要求组织走上一条方向完全不同的道路，但在某些情况下，它仅仅简单地要求做你所认为应该做的事情。这就是拉里·博西迪在 1991 年中期离开 GE 公司（他当时是 GE 信贷公司的首席运营官）并加入美国联信公司时所得出的道理。1999 年 12 月，美国联信公司与霍尼韦尔合并，并更名为美国霍尼韦尔国际公司。

之前我们看到，博西迪认为对于成功的领导者来说，他们必须擅长三件事情。正如他所说，"你必须擅长制定战略，擅长用人，擅长经营。"当他来到新泽西州的莫里斯镇联信公司总部的时候，他的行动令人惊诧。我们在第 3 章看到过博西迪对当时情形的尖锐评论，在场的其他人只能附和。"联信公司具有应有的三大流程，"他说："它有战略计划，有人员激励措施，还有经营计划或预算——但是都没有得到深入的开展。他们没有按照所要求的深度去执行这些计划。"他们缺少的是执行战略的能力。执行这个主题就成为博西迪的宗旨，并且他相信执行是 CEO 的直接责任。

正如他所解释的，这种障碍确实妨碍了领导者。"如果领导者是行动导向型的，并且是有责任感的，最终将会带来一种非常积极的文化。反之，如果领导是松懈的，并且他的目标没有被清晰明确地勾勒出来，人们就会经常为自己欠佳的表现找理由，这会消极地渗透到组织文化当中，"他说道。

博西迪说，他的一位同事告诉过他一些有关组织文化的内容，而这些内容是他在自己的职业生涯早期就已经想了解和学习的。"他告诉我，我们的文化其实是我们的行动……的综合，它不是我们的宣言，也不是其他人希望我们做的，而是我们所做的总和，"他说道。

玛莎·埃文斯在危机中的领导能力我在第 5 章"危机中的组织：化危机为机会"已经讲述过，她是红十字会的前任主席，并且在成为红十字会主席之前曾面临着对海军和女童军的组织文化引进变革的种种困难。在海军时，曾升任海军上将的她说："我的任期从来不会超过两年。如果你处于晋升的通道中，那么你绝对不能在同一个任务上花过多的时间；你必须出色地到达下一个任务。在海军，我们讨论着文化变革，但是我们并没有时间对此做过多的工作，因为我们要继续前进。"

"我在一家机构中第一次待了超过 2 年半的时间，就是我加入女童军出任主席的时候。在那里，我们不得不努力工作来在一个非常保守和反对变革的组织中提高组织的紧迫感，以及使它的运作流程更加现代化。这是可以做到的。"

埃文斯是如何在女童军中引发变革，以及后来在红十字会引发变革的？"在这两个组织当中，具备创始人基础是非常有帮助的，"

她说道。女童军是 1912 年由朱丽叶·戈登·罗（Juliette Gordon Low）所创建的，而美国红十字会是在 1881 年由克拉拉·巴顿（Clara Barton）所创建的。"在这两个案例中，它们富有历史性的背景是非常有帮助的。我经常说：'我们如何保存和保护这种创始人的初衷，但是又要使这种观点和当今甚至未来的发展相适应?'具有强有力的定论是很有帮助的。"

根据埃文斯的说法，引发组织变革需要领导者在人们的思想中创建出她所说的"充满热情的变革平台"——在组织的各层领导、捐赠人、志愿者以及其他支持者的思想中激发这种热情。"你是如何创建充满热情的变革平台的?"她问道。"你是如何创建做不同事情所需要的必需品的? 这真是很艰难的问题。"

埃文斯说，采取专横的方法并不会有帮助——"我想改变某些事情，因为我决定了要改变某些事情。"采用这种方式的领导者是不可能使变革有效进行的——特别是在非营利组织。"尝试改变一个组织要求创建一种充满热情的变革平台，或者说，你将会在各个层面上遇到被动的侵略性阻力，"埃文斯说，"当你希望引发变革的时候，大约有 20％ 的人会立即爬上你的战船和你共进退，并且希望在变革中领先于你。大约 60％ 的人会跟随着你，假如你能说服他们的话。还有 20％ 的人会退后，或者可能暗中破坏变革。重要的就是帮助最后那部分人转变成为其他类型的人。坦率地说，我曾帮助过人们进行变革。在一些情况下，我等待了太长的时间，以至于未能做到变革。"

当埃文斯准备在女童军和红十字会引发这些变革的时候，她试图尽可能地理解这两个组织的状况。同时，她也尽最大努力不仓促行事，并在关键问题上尽可能获得一致同意。"在女童军和红十字会，人们都会问我：'你的计划是什么?'"她说，"除非你能够理解组织，否则，在劝阻人们的时候总会存在一种微妙的关系。了解组织及其当前的重要事件，直到你能够获得一种平衡来改变整个组织，这是需要一些时间和精力的。同时，使你所认为恰当的人加入到团队当中也需要一些时间。总之，这是需要花费大量时间的。对我而言，最大的挑战就是阻挡那些不知为何期望我在前 30 天应该具有一个完全定型的计划的质问者。我理解他们急于想知道前进方向，但是，我不可能在 30 天内完成这个任务。我不断地重复我们将会缓慢前行，这样我们能够从一开始就朝着正确的方向前进。我是坚信厚积薄发的。如果你能在前期花时间来进行恰当的计划，那么变革就会更加顺利地开展。我对'这是我个人的计划'这种观点是很反感的，我希望有一个我们创建的计划——这个计划能够指导我们所有人前进。很凑巧，我就是这个对此负责的人。"

在努力地改变美国红十字会的组织文化的过程中，埃文斯制定了一个战略计划。她的指导原则之一就是设想如果克拉拉·巴顿——美国红十字会的创始人——还活着的话，她会怎么做。"关于克拉拉·巴顿的历史并不是鲜为人知的，我们知道她会冷酷地驱使别人，"埃文斯说，"她不会轻言放弃。她具有可爱的外形，但是，现实的克拉拉·巴顿是一位坚韧的领导者。如果今天她还在世的话，她可能会在现代化和变革的方向上使我们更加快速地前进……"

"我们开始了战略计划的过程，这个计划有 6 000 人参与，"埃文斯继续说，"我们有专职小组，使用电子化的工具等。在一些优秀的记录员的帮助下，我已经亲自写下了计划，但是，由包括伙伴和志愿者在内的几千位人员参与的过程同样是非常重要的。当然，这需要更多的时间——我们在 10 月开始，然后在来年 5 月结束。在某些方面，这些过程是更重要的，坦率地说，比内容更重要。很多参与这个计划并且为这个计划的定型提供支持的人开始承认这个计划，然后，这就成为了他们的计划。无论在什么样的组织中，总会有人喜欢退后并作出批评，当然，在红十字会也有这样的人，但是，基本上组织各个阶层的管理者都参与了这个计划。站在参与和知道这个计划的人数的角度上看，这个计划是庞大的。"

最后，在与董事会发生冲突后，马莎·埃文斯在 2005 年末以红十字会主席的名义离职了。她在女童军和红十字会的经历都教会了她如何应对非营利机构变革的挑战。在她辞职前的一次采访中，她解释说红十字会遭受了"很多恶意志愿者的影响"，比如与保守和抵制风险的文化相联的志愿者在组织中称霸。尽管她成功地在组织中领导了文化变革，但她还是没能完全打败董事会。

贝休恩、博西迪和埃文斯都强调了拥有组织适用的战略计划的重要性。如果不能获得组织的支持，再好的战略计划都将流于形式。

6.7　并购和组织变革

当两家组织进行合并——或者一家组织收购另一家组织——几乎可以肯定的是，合并后的组织为了成功运营，将会进行文化变革。

各种原因都会推进两家组织的结合。一家组织可能陷入了深度危机，它打算寻找一位适当的合伙人进行合并，以求解决问题。有时候，这种合并可能会发挥作用，但在更多情形下，它们可能不会像预期的那样发挥效用。我会简单地讲述一些失败的原因。

首先，我将表明决定单一组织文化成功变革的因素同样适用于由两家组织合并之后的新组织。文化变革是不可避免的，但是，也许与直觉相反的是，最佳的文化变革不是一家组织去采用另一家组织的文化。为了今后长期的成功经营，两家组织必须找到一种能使双方认识到合并所带来的优势的新组织文化。

我同意斯潘塞·斯图尔特公司（Spencer Stuart）的咨询师丹尼斯·凯利（Dennis C. Cary）和戴顿·奥格登（Dayton Ogden）的观点。他们在其著作《并购之人力资源观：CEO 如何平衡交易中最重要的资产》（*The Human Side of M&A：How CEOs Leverage the Most Important Asset in Deal Making*）中这样说道："我们的观点通过这本书得到了强化，即审查并购中的财务状况仅仅是并购这件事情的一部分，它并不能为成功提供保证……我们讨论过为什么在并购之前、并购当中以及并购之后对管理团队和当前文化进行彻底的评估是明智的。"他们继续讨论道："识别公司中的哪些人坚持采用旧方式来处理事情，并且可能成为创建**新观点和新文化**的绊脚石，将会非常重要。"

无论是谁，只要领导组织并购的人能够意识到发现新观点和创建新文化的必要性，变革的实际过程就会像我之前所描述的单一组织变革一样。在这两种情况下，确实没有什么显著的区别。

我想补充的是，以我的经历来看，并购获得成功并创建新文化变得复杂的一个因素是并购过程中总会存在成功者和失败者。我曾担任过纽约证券交易所委员会的委员，在这 25 年中我参与了很多并购案例，并且成为并购委员会的一名主要成员。同时，在我的经历当中，参与过大量被定义为"对等合并"的案例。其实对等是不存在的，总会有一些人胜出。在整个组织当中，你可以确信的是，至少在潜意识中，每个人都希望自己这一方获胜，因为他们并不知道盛行的"对等合并"这个概念对于他们来说意味着什么。一段时间之后，你会发现人们由于各种各样的理由离开了，合并的天平似乎经常向一方或者另一方倾斜。领导者必须看到各个工作岗位上的最佳人选，不论他们的背景是什么。只有不自信的领导者才会希望他们的老员工围绕在周围，因为他知道他们是"忠诚"的。这就会给高层领导者为确保公司能以更好的状况展开经营带来沉重的压力，因为当你将两个组织的两群人放在一起的时候，你必须要从这些候选人中为每个工作岗位选择出最佳人选，而不是根据裙带关系、友谊、资历或者其他不相关的因素来作出决定。如果领导者不能参与其中，那么工作就不可能顺利开展，而且冷眼旁观谁将在争斗中胜出将会损害公司新文化的创建，损害公司的日常经营，损害员工士气的恢复，以及损害公司依靠最佳人选来向前发展的策略。

接下来，我将指出那些将要变革文化、包括在合并后的组织中变革文化的领导者会遇到的潜在不足。

🔄 *6.8* 领导变革的潜在不足

很多自负的领导者通常都会犯一个最常见的错误，他们认为自己可以亲自处理所有的事情。令人难以相信的真相是——难以让高姿态的 CEO 们接受的——领导者并不能像其他人（还有他们自己）认为的那样能够负责那么多事情。

新闻报刊上经常报道某家公司的 CEO 是如何做到这样，而其他公司的 CEO 又是如何做到那样的。CEO 们最经常遇到的情况就是作出同意的决定——如果他恰好能做到。CEO 们似乎会为组织中将要发生的任何事情负责——无论好的还是坏的。组织中的其他人又如何呢？你可以确信一件事情：李·艾柯卡（Lee Iacocca）并没有设计福特野马汽车（Mustang），而且史蒂夫·乔布斯（Steve Jobs）也没有亲自坐下来发明 iPod。然而，通常都是 CEO 来就这些成功获得赞赏。

当组织失败的时候，领导者却不用为此负责，这是令人难以置信的。杰夫·斯基林（Jeff Skilling）在参与了最近历史上规模最大的一场企业文化变革之后，于 2006 年 1 月因为安然公司的倒闭被指控欺诈而接受审判。他不知道建立在休斯敦的能源公司发生了什么事情，这可信吗？无论他的辩护律师如何辩解，常识告诉我们，当一家公司通过篡改报表的方式来隐瞒公司的庞大债务，并且歪曲公司的财务状况的时候，这种做法始终是纸包不住火的。事实也确实如此：安然公司在 2001 年年底破产。斯基林一定知道发生了什么事情，即使他的律师辩护说他受到了下属的误导，比如被指控犯罪的安然公司的前任首席财务官安德鲁·法斯托（Andrew Fastow）。审判结束后，斯基林被判承担 28 项被指控罪名中的 19 项，包括欺诈、共谋、内部交易和对审计师撒谎，他被判入狱 24 年。法斯托也被判有罪，刑期 6 年；他从 2007 年初开始在路易斯安那州服刑。

即使那些将部分变革责任授权给值得信赖的下属的明智领导者，也必须要警惕那些"丛林杀手"。这是我用来形容那些不在场但会影响领导者的战略计划执行的人的代号。这些人整天坐在"灌木丛"中，有点难以令人发现，因为这是他们必须做的。但是，当领导者在组织中作出决定，并且引导整个组织朝着崭新的方向前进的时候，他们就会从半道中杀将出来，说："我认为你是错的，你犯了一个错误，你不应该这么做。"然后他们又跳回"丛林"当中。那些作出决定、承担风险以及尝试新鲜事物的领导者会不可避免地在前进的道路中作出错误的决定。当这种情况发生时，那些"丛林杀手"就会站出来，趾高气扬地说："我早就告诉过你了。"

"丛林杀手"对组织和领导者的战略计划是有害的。他们会给组织带来麻烦，使人们失去自信，在有些情况下，甚至会引起人们质疑领导者的能力。他们通常会不满，尽管他们非常擅长某个特定领域。首先，你要尽量忽略他们，如果他们对组织的危害作用太大，你需要排除他们。我不认为这能解决所有的问题，因为他们会被其他人取代，并且这种人经常无处不在。保持前进。如果你不愿意朝着新方向前进，不愿意承担风险，那么变革就不会发生，并且在你努力将"丛林杀手"的影响最小化的过程中，你也可能需要忍受他们。

我向来都很赞成西奥多·罗斯福（Theodore Roosevelt）对那些追求变革而承担风险的人的观点。你可能之前就听过这种说法，但是，在本章讲述的这种环境中再次回顾这种说法还是很有必要的。他说："荣誉不属于那些吹毛求疵的评论家，不属于那些指出强人是如何跌倒的人，也不属于那些指出实干家应该怎样才能把事情做得更好的人。荣誉应该属于那些实际投身于舞台，脸上布满汗水、灰尘和鲜血的人；荣誉应该属于那些英勇奋斗的人，属于那些走上歧途但是很快就回归到正确轨道上的人，因为没有这些错误和缺点的话，人们就不知道努力的方向；荣誉应该属于那些实际作出了丰功伟绩的人。"罗斯福继续赞扬那些"具有极大的热情并投身于此的人；那些将自己投身于值得奉献的事业的人；那些最后创造了最大的成功和最好的成就的人，以及那些尽管努力挑战但是如果失败的话也知道最坏的结果的人，这样他们的步伐就不会同步于那些知道自己既不会成功也不会失败的胆小鬼。"

在变革的过程中，对于领导者来说，一个典型的不足就是未能协调组织的短期目标和长远目标。那些持续抽调季度性收益而不是为最大可能地实现长期潜在目标而建设组织的领导者可能是为了极端的激励。股东和董事会可能会发现他们就管理层的季度业绩匆忙作出的恭贺是不成熟的——这对组织的长期发展也没有价值。在这种情况下，组织最后可能会以一个空壳作为结束。这就是当今组织经营的一个主要问题。股票分析驱使人们追寻季度收益，并创建了一种指导思想，而这种思想却是致命的。这就是20世纪八九十年代一些公司由于经营不景气而做假账的主要原因。起初，他们只是修改一些小额数字来使预期季度收益漂亮些，然后事情就开始一发不可收拾。现在我们有另一类新型的人员，他们会进行短期的思考，比如对冲基金，他们会联合起来，以股东价值的名义使公司的股票短期增值：回购大量公司的股票，派发红利，承担负债。公司成长、新产品、研究、员工培训……这些对我们有什么用？没有——除非它们能够带来短期利润，大概这就不会有争议了。

短期的思考如果不能创造长期的价值，它也会导致组织丧失对客户的关注。这在当今那些具有多层管理且隐藏着官僚主义的大型公司里是很容易发生的。它们会忘记是客户给它们支付了租金和薪金，如果没有客户，公司就不可能持续经营。我知道有些非商业化的组织会认为自己没有客户。我起初在沃顿商学院担任院长的经历——在第8章"学术机构：学习沃顿的经验"中将会描述——明确说明了很多教师和行政管理人员认为他们没有客户。事实上，学生是他们最重要的客户，此外，聘任他们的公司也同样很重要。

我承诺要讨论合并的不足，因此我就通过这个问题来开始：为什么这么多合并会以失败告终？我认为这种情况的发生至少由于以下两个原因。首先，当两个虚弱的组织进行合并的时候，它们并非一定会成为一个强大的组织，它们可能产生一个大型但却虚弱的组织。其次，由于成功的合并需要一场文化变革，但这并不是一件容易的事情，因此合并同样也会失败。如果一家公司起初是由工程师进行管理的，那么它就不可能轻易转变成一家企业型的组织。如果组织起初是由会计师进行经营的，那么快速将它转变成市场化的组织也是一项艰巨的任务。如果员工时常等候着该怎么做的命令，那就很难赋予他们权力让他们对自己负责的领域作出决定。

思考一下惠普和康柏这两家公司的合并，它们合并的目标是加强加利福尼亚州帕罗奥多公司的运营，并且帮助它与台式机和便携式电脑的两大巨头戴尔和 IBM 进行竞争。卡莉·菲奥里纳（Carleton Fiorina）后来成为了惠普的总裁兼 CEO，在她 2001 年 9 月宣布合并消息的那一天，公司的股票交易价格从前一天的 23.21 美元下跌至 18.87 美元。经过持续几年的股东争斗，菲奥里纳最终在 2005 年 2 月离开了公司，部分归咎于合并的失败。问题的部分原因在于两家公司并没有看到使合并获得成功的文化变革的必要性。除一开始就不应该展开错误的合并之外，文化冲突以及整合失败可能是合并失败的主要原因。为了转变一家企业的文化，正如我前面所说，你必须引进一些新人。这就是菲奥里纳未能做到的。

在新任 CEO 马克·赫德（Mark V. Hurd）的领导下，公司现在进入了变革和巩固时期。公司的收入开始上升，但是相应的利润并没有同步增加。只有时间才能证明最初和康柏的合并能够通过更好的领导水平得以实现——尽管 2007 年年初公司的财富似乎还是耀眼的，公司超过了戴尔成为世界上最大的个人计算机巨头。尽管如此，它在合并过程中的失策也提供了一个警惕性的例子，即在合并过程中可能会发生什么错误。

⚡ *6.9* 在其他环境中领导

在拉里·博西迪领导联信公司进行变革的时候，他同时还为商业协会和企业圆桌会议提供服务。作为一个动态的领导者，他认识到，要在那些与众不同和多才多艺的伙伴当中找到一种具有影响力的文化，使他们能够实现有价值的目标，就要采用一种不同的方式。除了引用他在本书第 1 章所说的话，我不知道还能说什么："适合于甲的不一定适合于乙。换句话说，会上 CEO 们进行的讨论中，他们可能会从自己的经营角度出发，提出相对有利于自己的观点。我就遇到过这种情况。然而，你可以这样说：'这次企业圆桌会议的目的之一就是要影响立法，如果大家都以自我为中心进行提议，制定出来的法律肯定会对整个商业产生影响。虽然对在座的每一位来说，这部法律对各位的公司可能不会产生影响，或者说，其产生的帮助作用是有限的；但是，对在座的整体利益而言，这部法律将会带来一种全面受损的后果。'因此，你需要呼吁大家进行严肃且具有逻辑性的思考。会议结束的时候，你不会自动获得大家的一致同意，但是，你还是要对大部分参会者该怎么做提出建议。"

为了从另一个角度说明这个问题，你可能不得不控制你的管理一家企业式的组织的冲动。

小 结

■ 确保你能够经常聆听。大部分的问题及其答案早已摆在那里。

■ 发展你的战略计划。团结你的队伍，投身于该战略计划，然后"共同"使它变得更好——在前进道路上召集人马。

■ 确保你拥有合适的人选。果断地评估你的团队，然后引进一些新人，晋升部分员工，解雇部分员工。

■ 沟通、交流。你必须要时常进行沟通和交流，以使整个组织都清楚你的战略计划。

■ 将员工的目标和战略计划的目标联系在一起。将战略计划的要素直接与薪酬、晋升等挂钩。

■ 识别主要的衡量标准和工具。你必须要跟踪战略计划的进展。

■ 衡量，再衡量。除非进行衡量，否则你不会知道你的计划距离目标有多远。

■ 随着发展来调整你的战略计划。不要陷入已经偏离轨道的计划中，随时准备作出中途调整。

■ 如果需要的话，告诉组织相关的信息，即使它可能不会完全理解你的观点。

■ 在前进的过程中不时地进行庆祝。没有什么能够像肯定其对战略运营作出的贡献这样有效地激励你的员工。

■ 不要仅仅进行口头表扬，要提供实质性的回报。将薪酬和绩效联系在一起。那些成功实现计划的人应当获得良好的回报——比那些管理人员获得的回报要高。

注释

[1] Korn/Ferry *International's Executive Profile: A Survey of Corporate Leaders in the Eighties*.

[2] Korn/Ferry *International: Tomorrow's Leaders Today* (2000).

[3] Gordon Bethune describes his experience in more detail in his remarkable book, *From Worst to First: Behind the Scenes of Continental's Remarkable Comeback* (paper edition, Wiley 1999).

第 7 章 企业式组织:
和他人分享你的愿景
Chapter Seven

　　企业领导者会面临这种特殊的挑战：企业家处于一种独特的环境当中——他们通常是孤单的。企业家可能有投资者或顾问伴他们同行，但是到最后，企业家总是决策的制定者，并且，通常情况下这些决策需要快速作出，并且迅速地得到执行。这就是为什么企业环境为领导力的培养提供了沃土。

　　尽管企业家的地位并不是一开始就以适当的形式出现——像学术或专业服务机构那样——但创建、领导一家企业是一项独特的挑战。建设一个企业式的组织要求有特定的领导技能——包括识别正确的经营机会，寻找各种途径来判断应当投入到组织当中以便使机会转变成盈利性投资的各种资源，以及寻找适当的 CEO 和领导团队来使以上事项得以实现的能力。

　　在本章，我将会讲述这种组织的领导者的领导方式是如何区别于我在本书所讨论的其他类型的组织的。这一章主要是关于我在1990 年离开沃顿商学院的院长一职后成为一名企业家的经历。我将和你分享我学习到的一些来之不易的经验，而这些经验可以帮助你增大成为一名成功企业家的几率。

　　首先，我会解释我是如何成为一名企业家的。本章余下的内容将以倒叙的方式讲解。我会讲述一些从开始就运作良好的企业，尽管它们不是我和我的伙伴一开始就与之合作或收购的。我的目的是告诉你对一个精心策划且得到仔细调研的企业应该如何进行引导。然后，为了保持与其他章节的风格一致，我会告诉你作为一名企业家所面临的不足，并讲述我创业初期所面临的一些厄运。最后，我会警示你一些在其他环境中进行领导的事项——在那些环境中，你会找到自我，如果你的企业能够成功经营的话。

最后一点，本章是关于那些动机就是简单地希望成为一名企业家的人的。我知道自己想从事什么职业：我希望去投资公司，这样我和我的同事就能打造有价值的企业——尽管我并不确信这些公司将属于哪些行业。从这个角度看，我的经历和那些可能投入到企业家生涯但是并不知道该做什么生意，或者那些对某方面生意有些想法，以及那些要对某些发明进行商业化的人来说是不同的。尽管如此，我认为我的经历和企业家们——无论他们的意图是什么——是大同小异的。

🔄 7.1　组织类型：企业式组织

企业领导者所面临的挑战就是将投资者、顾问、客户和供应方的观点紧密联系在一起。这是一个协商的过程。这是企业家为了他们能在商业模式中成功经营所必须付出的，尽管他们可能是独立作出决策的。

为了使本章更加具有现实指导意义，我将会讲述我离开沃顿商学院之后的经历。

🔄 7.2　沃顿之后的生活

在我结束七年的院长生涯之前的一年，我知道自己是时候离开沃顿了。教师们尽力挽留我，但我还是坚决地相信——正如我在其他地方所说的——任何人都不应该在同一岗位上待过长的时间。因此，我决定是时候继续前进了。我休息了一段时间，并且花了几个月来思考我应该做什么。我总结出，我可能再度投入一个全职的事业中，我对自己说："我应该抓住这个最好的机会——最后并且最好的机会。"

我仔细思考了我想做什么，最后在纸上总结出了决定我职业生涯的最重要的三个条件：

● 享受乐趣并从事一些有意义的事情。

● 做一些我引以为傲的卓越的事情。

● 获得成功并能挣钱。

这三点是按照重要性来排序的。享受乐趣并从事一些有意义的事是极为重要的。然后，我问自己有什么是满足这些标准的。我知道自己不愿意从事一些影响其他人经营的事情，也不愿意进入非营利组织，根据与这种机构打交道以来的经历我知道，对于我个人的风格而言，这些机构的委员会委员和董事会成员的行动速度太慢。我确信自己不喜欢从政。最后，我总结出自己应该创业，成为一名企业家，这样我就有足够的灵活性来做我想做的事情。

我在距离宾夕法尼亚大学两个街区的地方创立了帕尔默集团，但是我并不确信自己应该做什么，除了它和我所制定的那三个标准是一致的之外。很多人建议我进行融资去收购其他公司。我明确地知道自己不想这么做。想象一下，当我到投资者那儿去尝试进行融资，他们问我打算如何运用这些资金的时候，我说我的主要目标是"享受乐趣并从事一些有意义的事情"，这将会是什么结果？站在生意的角度上看，这除了是一件难以推销且没有吸引力的事情之外，还会使投资者怀疑我是否在严肃地对待这件事情。这种方法是不起作用的。因此，我决定自己动手，无论是什么事情。最后，我决定先购买一家小型的公司，然后将它发展起来，可能最后在某一天我会退出这家公司，但是，这并不是常见的风险投资模式。我并不喜欢先收购公司，然后发展它，最后将它抛弃这种想法。我更加喜欢收购一家企业，使它发展壮大，然后帮助它发展，这种方式就像是我们将永远持有它一样，尽管某一天我们可能会退出。

我们起初投资的企业几乎使我们全军覆没，稍后我会讲述这个经历以及其他一些我早期的经历，以便为那些未来的企业家们提供关于这种组织的一些不足的经验。随着阅历的增加，我们发现了一种极具潜力的行业：职业教育机构。这并不是我们涉足的唯一行业，但它是企业领导力有效运作的一个好例子。

我的一位秘书是从沃顿跟我一起出来的，她叫莎朗·勃兰特（Sharon Brandt）。遗憾的是，她的丈夫是一名海军，并且将要调到另一个城市，因此她不得不随同前往。［在此之后，在过去的 15 年当中，我分别有两位得力的助手——贝基·雷纳德（Becky Leonard）和吉恩·德雷克（Jean Drake）。正如所有领导者都知道的，如果没有得力的助手，你的作用是不能有效发挥的。］我有一位沃顿的实习生，名叫詹姆士·曼博利欧纳（James Membriona）。他毕业之后就加入我的公司了。他是非常优秀的。我们雇用沃顿的学生做兼职，来帮我们分析我们计划收购的公司。对于大部分毕业生来说，我记得的一件事情就是他们花了大量时间进行电话求职。在我们开始收购公司之后，我的儿子史蒂夫，一名律师，每周从华盛顿过来帮我两天。

🌀 7.3 职业教育机构的生意

1993 年，我的同样从事企业经营的儿子布拉德（Brad）发现了科瑞咨询（Career Com）的一个机会，这是一家宾夕法尼亚大学名下的上市公司，很快就要破产了。这家公司经营着一些学校，其中6 家仍值得继续运营，因为它们在这些学校当中是最出色的，而且具备继续生存的潜能。公司的经营管理严重失衡，当我们走上破产法庭完成收购这些学校的流程的时候，我再一次意识到，从股东的角度考虑，使这家公司操控失当的领导者其水平是多么低下。在宣告破产之前，这家公司每年的收入大约有 1 亿美元，尽管我们收购的只是其中的部分业务。这家公司的总部位于哈里斯堡（宾夕法尼亚州首府）之外的一座大城堡，它的楼下放一个大沙发，人们可以在工作之余在那儿喝点饮料，休息一下。公司还有一架飞机以及各种类型的汽车，另外，它还存在一些可疑的交易活动。它的 IT 部门的预算为 800 万美元，但是只有 22 位员工。在业务经营方面，其过多的费用完全不能与收入相匹配。我们决定仅购买其中 6 家学校。我可能会说，这些学校能够继续经营的可能性只有 20%，但是，它们的收购价格还是很合适的，并且我们也愿意承担这些风险。

这些学校面临同类型机构可能发生的各种问题。教师不断流失，学生的注册率不断下降，因为没有人知道这些学校还能维持经营多久。能够帮助进行招生的广告已经停止了。鉴定机构也计划撤销它们签发的合格证明。对于这种两年就能获得计算机编程资格、护士资格、保健服务资格等的学校来说，这些问题几乎就是它们的致命点。

一些私立学校陷入这种困境的部分原因是，20 世纪 80 年代，很多中小金融联合会和其他各类与教育不相关的机构涌进了这个领域。当它们看到可以因聘用这些学校的毕业生而获得政府补贴的时候，它们就被诱使进行了一些高度可疑的活动。它们中的一些还是大型上市公司，但甚至是它们也滥用了这种体系。其中一些机构也许解决了部分人的就业问题，或者让它们的后勤员工到这些学校注册学习，我们推测其目的是让他们在原有的岗位上能更加出色。这些所谓的学生经常旷课，但学校还是可以从政府那里获得补贴收入。当教育部认识到这个问题的时候，这些依靠补贴收入的学校就受到了重创，并开始走下坡路。当这些学校深陷困境的时候，没有人愿意购买它们，因为它们的问题过于根深蒂固。

我的同事，杰勒德·弗郎索瓦（Gerard Francois），曾经为永道会计师事务所服务，现在是帕尔默集团的一位主要负责人，他曾用很长时间来分析这些职业教育学校的价值。他是这样描述这些陷入困境的学校的："他们的高级管理者存在判断上的失误。在任何一家组织，为了持续获得成功，你必须不断改善你的产品、提高员工素质和加大营销力度。相反，这些管理者却去购买飞机，他们的股东也不得不为此买单，因为公司的利润被用错了地方。他们变得很贪婪。"毫无疑问，大部分人都将这种职业教育学校看成麻烦的投资。

我有不同的观点。我越是仔细地分析这种业务，就越认为这对美国将来的经济发展是很重要的。如果你分析过四年制大学每年毕业生的比例，你会发现这个比例仅仅略高于 30％。美国的四年制大学教育机构是最知名的，但是，剩下 60％多没有毕业的学生该怎么办？我们的这种情况也是世界上最糟糕的。在美国，如果你能继续上大学，那么这将会是你成功的途径；如果你不继续上大学，也似乎没有人为你担心。在费城，大约 50％的工人所掌握的技术在当今世界来说是过时的。他们过去从事的工作已经转移到中国、墨西哥或者是其他地方。这些职位已经不再存在。人们经常会问："为什么我找不到工作？"——但是，在我看来，问题不是为什么没有工作机会，而是为什么我们没有培训人们去从事现有的工作。

似乎对于我来说，如果我们进入这个行业，就将满足我从事一些有意义和有价值的事情的标准——所以我们对这六家学校进行了收购，创建了我们称之为美国教育中心的公司。当我见到学生们并和他们谈话的时候，我理解了我们的收购行动所产生的影响。有一次，我到亚特兰大去给其中一家学校的毕业生进行毕业演讲，我遇见了学校的学生会主席，我问她："你是怎么到这儿来的？"她告诉我，经过长达 15～20 年的婚姻生活，她的丈夫离开了她。在此之前，她没有工作过——但是在她的丈夫离开她之后，她必须要抚养两个孩子，而她自己又没有一技之长。起初她获得一份书记员的工作，年收入大约为 12 000 美元，她接受了那份工作，尽管她知道依靠那份工资收入并不能满足孩子们成长所需要的东西。同时，她还到我们学校注册学习，以期成为一名法律书记员。"再过三个月毕业之后，我会成为一名法律书记员，"她说道。我问她当一名法律书记员可以挣多少钱，她回答说："如果我去亚特兰大并在那儿的公司找到一份工作的话，我可以挣到超过 40 000 美元。但是，我需要和我的孩子们在一起，因此，我联系了两家本地的律师事务所——这样我一年就可以挣到 30 000～35 000 美元。"换句话说，通过在我们学校学习她所期望学到的技能，她能使自己的收入提高三倍。

随着接触的学生越来越多，我更加意识到她的案例是很常见的。我们的学生可以学习到先进的软件课程，然后毕业之后的起薪就可以达到 60 000 美元。我们培训的护士毕业之后可以挣到 35 000～40 000 美元。我们的电视和收音机技术人员可以挣到 50 000美元。我们的学校可以接纳那些只有高中毕业的学生，也可以接纳那些在麦当劳或 Wendy 制作汉堡的人员，并且在两年之后，和原有的兼职相比，我们可以给他们提供一份工作，收入将会是原来的两倍或者是三倍。2/3～3/4 的学生都是女性，她们中的大部分都有孩子，并且还有一份全职的工作。她们的共同点就是都是单身母亲。我注意到这种情况时想："我们做了一件好事。"我们在这种事业中实现了我确实觉得有意义的目标。随着经营的展开，我开始收购越来越多的学校。我一共收购了 20 家学校，这 20 家学校都运营良好——这对于像我们这样的机构来说是非同寻常的。

当我开始购买学校的时候，没有人愿意借钱给我们，因为这个行业普遍存在令人质疑的操作惯例。我们需要额外的资本，所以我引进了一位合伙人，他拥有这项业务 45％的股权。我的合伙人是吉姆·沃尔特（Jim Walter），他在 1987 年的时候以超过 33 亿美元的价格将自己的家族产业吉姆沃尔特公司（Jim Walter Corp.）出售给了精通杠杆收购的金融资本家科尔伯特·克拉文斯·罗伯特公司（Kohlberg Kravis Roberts，KKR）。他挣了很多钱。吉姆是一位守旧的生意人，也是我喜欢与之做生意的人。当我去见他的时候——我已经对他很了解了——我告诉他："吉姆，我们打算做这个生意，我希望你能成为我的合伙人。"他说好。我告诉他我不知道我们什么时候才去收购学校，但是，当我们去收购的时候，我会支付 55％

的价款，而他需要支付 45%；此外，除了卖方的债务之外，我们不需要筹借其他资金。他说好。我问他希望我们之间达成一种什么样的协议——吉姆说："你只管拟订好了，我没有意见。"

我把股东协议给吉姆送了过去，并且打电话问他是否已经阅读过该协议，他说："完全没有。"他的哲学是看人进行投资……他是一位非常精明的投资者。吉姆根据自己熟悉、信任和尊重的人来作出投资决定。结果就是，他不用担心当今投资者所要担忧的各种问题。他告诉我："我知道你是非常正直的。没有任何合同能够像两个诚实正直的人合作那样有效。"

这就说明了选择正确的人进行合作的重要性。我经常会站在吉姆的立场去处理一些合同没有明确的事项，并且他也信任我。这就是为什么直到 2000 年 1 月他去世之前我们一直都是合伙人。我回购了绝大部分他遗留给他的孩子们的股份——除了他告诉他的夫人绝对不能出售的股份。他在临终之前告诉他的夫人，这笔投资要一直持有，直到我们退出为止。根据吉姆的建议，她挣了很多钱。在这笔生意中，我学习到很多关于用人的道理。沃顿的很多教师都很不错，当然那儿也有一些不友善的家伙，但是，基本上他们都是好人。对于 Touche Ross 的合伙人来说也一样——他们也是优秀的。在商业环境中，你会遇到各种类型的人。最重要的事情就是妥善安排好那些你信任且诚实正直的人。因此，如果你计划涉足任何一种组织，最重要的就是记住你们两方都必须是诚实和正直的。在我 15 年的企业经营/投资生涯中，我所遇到的最糟糕的经历发生在我偏离这条原则和与一些不是这种类型的人的合作当中。后面我将会讲述这些痛苦的经历。

除了资本方面的合伙人之外，我需要一位擅长经营的人来管理企业。由于第一位聘任的人员没有到位，我引进了另一位人才，他非常有效地使这些学校发生了转变。

我们聘来担任美国教育中心 CEO 的是比尔·布鲁克斯（Bill Brooks）。他曾管理过斯巴达航空学院，那是一所教导人们如何开飞机的学校。他极大地提高了学校的产出能力，学校毕业的飞行学员从 130 名增加到 750～760 名，而他采取的不过是像在半夜进行维护（这样当学生们需要飞行的时候就不用停机检修）这样简单但却具创新性的行动。我希望布鲁克斯能够在我们收购的职业教育学校当中带来这种类型的转变——他也成功地做到了。现在我来讲第三条规则，即进行充足的尽职调查，并且同你尊重和信任的人做生意。要得到一位适当的 CEO，需要花费任何必须花费的时间，并且在合理的情况下支付任何必须支付的费用——如果没有正确的人来掌舵，要获得成功会是很难的（虽然不是不可能）。

我们对这些学校进行转型的经历告诉我们很多关于在企业中进行领导的道理。我需要做什么？所有事情。我们不得不聘请几乎全部的行政人员。有一些教师还留在学校，但是我们不得不取代一些教师。我们采用了新的体系。我们采用的在线系统告诉了我们经营中各个方面的事情——有多少人申请课程；申请的进度如何；我们可以从哪里得知这些申请者；我们的财务信息、呆坏账数据，以及其他我们希望知道的事情。所有这些都能够实时反映在在线系统中。这可能是我们这个行业所拥有的最先进的管理信息系统了。

另外，我们有必要大范围更换设备。例如，在俄亥俄州的辛辛那提，学校设立在陈旧的电气公司大楼当中，而这些大楼随时都有坍塌的危险。我们必须搬到城镇其他地方的新建筑中去，我们必须重新和监管者建立关系并且采取新的措施，我们必须解雇大量的行政管理人员，因为他们惯用质疑的方式，而这也是导致学校产生如此多问题的一个原因。我们引进了技术水平先进的新计算机实验室，这些实验室的先进水平甚至远远高于一些大型机构，它们看上简直像太空设施。我们必须从头到脚地实施"大换血"——就像我们计划永久经营这些组织一样。

起初，当我们在 1993 年开始收购学校的时候，它们的价格是非常低廉的，因为我们是在它们陷入破产困境时去购买它们。然而在 20 世纪 90 年代，当我们展开收购行动的时候，正值私立学校盛行之时，因此，我们不得不和其他竞争对手展开竞争。在第一笔收购业务之后，我们再也没能在破产环境下购买到任何学校。在美国，仅有 3 000 家私立学校，我们拥有这 3 000 家学校的名单。我们给这 3 000 家学校寄去了信件，并去拜访它们，当我们发现有一家学校似乎能够满足我们的投资要求的时候，我们就去收购它。随着收购价格的提高，我们开始和 T L Venture 合作。这是一家由鲍勃·凯斯（Bob Keith）领导的风险基金。他们在我们的一些投资当中提供了少部分资金，并且将经营控制权全部交给我们。他们是很好的合伙人。

在寻找目标收购学校的过程中，我们一直牢记着一些关键的要点。我们需要的是能使我们培训方面具有优势的学校。从地理因素上考虑，我们主要关注中西部地区的学校。有人曾经问我："你为什么这么偏好这个地区？"我说："因为我熟悉那里的人。"对于我们来说，中西部地区是我们关注的优先选择，因为那里有大量需要我们提供培训的人们。那里通常对私立学校都有较为优惠的政策。通常情况下，我们寻找的是一些由夫妻经营的小型学校，他们已经打算退休或是退出学校经营这种事业，因为这是难以经营的行业。这个行业就像餐饮业一样难以经营，因为你不得不时常待在营业地点。你必须要处理行政事务，而且这个行业还有很多行业规则。我们寻找那些打算出售地理位置良好的学校的目标人群。通常来说，这些人经营得并不好，尽管他们可能没有亏损。

我们能够应对那样的经营状况，并且能够将学生的注册数量增加到三倍。我们通过派驻新的领导班子和引进现代化的科技手段——如广告、管理和其他体系——进入那些经营了 20 年的学校，这样我们就可以极大地增加学生的注册数量。我们在印第安纳州韦恩堡购买了一所学校，在我们刚收购的时候这所学校仅有 77 名学生，但是我们在相当短的时间内将学生人数增加到 750 人。我们具备这样的能力——给学生们提供良好的教育，使他们从学校毕业的时候能够较容易就业。所以，我们不断地收购学校。这就是我成就这种事业的方式。

在使学生注册率提高三倍的过程中，我们还采取了一些创新手段。我来举两个例子。第一，和大部分的大学一样，大部分私立学校每年开学的时间只有 2～3 次。如果有学生决定入学，他可能需要等上 3～4 个月的时间来等待学校开学。而那些希望进入职业教育学校的学生们就不愿意等那么长的时间。他们希望一旦决定上学，就可以去上。因此，我们每年的开学时间为 12 次。据我所知，当时没有人会像我这样做。教师们并不喜欢这种方式，因为这打乱了他们的课程安排。因此，我们不得不重新调整课程，使之能够适应这种完全不同的状况。但是，它非常适合那些马上就想上学的学生们。

第二，我们引进了一种我们称之为 50—50 的计划。如果你是一位在职的母亲或者是在家带着孩子的单身父母，那么到学校学习对于你来说最大的问题就是腾出每周到学校去上两至三次课的时间。为了解决这个问题，我们将每一门课程分割成两部分：在课堂学习的部分和在线学习部分。我们给每个学生提供了一台电脑，这样他们就可以从他们的工作场所登录网站进行学习。通过这种做法，我们将学生必须到课堂听教师讲课的时间缩减了一半。这种方式给了他们更大的灵活性，同时也给他们提供了他们所需的课堂学习体验。我们不能仅仅通过在线方式来教授他们。

与此同时，从内部的角度来说，这种 50—50 的计划带给我们的就是教学容量的翻倍。你可以获得的学生数量是以往的两倍，因为他们需要进行课堂学习的时间仅仅是以往的一半，这是具有重大意义的。这从长期上帮助我们使每所学校的学生注册数量提高到两倍甚至是三倍。

学校的财政状况也得到了显著的改善。正如我们的 CEO 布鲁克斯所回顾的，当他开始为我们工作的时候，"我们亏损了 700 000 美元。现在我们的经济状况发生了彻底的转变，这一年我们的亏损额为 300 000 美元。下一年我们就盈利了 250 000 美元。"

我们采取的另一个重要变革就是满足市场的就业需求。在传统上，很多私立学校所做的仅仅是侧重于某个教育领域，如计算机软件或是旅游。这种方式的问题在于，如果科技行业走向衰退（事实如此），或者旅游代理行业步入低谷（确实发生过），这也会拖累学校的发展。我们决定分析市场需要什么，然后侧重于这些课程。结果，在航空公司大幅削减支付给旅行代理机构的费用以及旅行代理机构正步入危机的时候，很多学校依旧开设旅游课程，但是我们已经删除了所有的旅游课程。虽然从这些课程的考核通过率上看，我们在美国高校中名列前茅——14％，而全国的平均水平仅为9％，但你希望成为这个仅有14％的人获得工作的领域的培训人员吗？我们摆脱了这个领域。我们问："市场需要什么？"如果市场需要护理人员，那么我们就会立即转向这个新领域。我们可能不会完全削减其他领域的培训，但是我们的重点已经转变了。

我的合伙人杰勒德·弗郎索瓦说，我们提供不同类型课程的能力使我们有效地避免了某类课程需求毫无预见性地枯竭的风险。"我们有三种主要课程：IT、经济和保健，"他说，"在2001年春季IT泡沫破裂的时候，市场对这类课程的需求下降了，但是，市场对保健课程的需求却在上升。"这些战略帮助我们持续发展。

7.4 退出战略

我们从事学校经营这个行业的时间达到了十年。随着媒体对我们经营活动的披露，很多人意图收购我们。我们可能和美国的那些私人所有的私立学校集团一样好，尽管我们的规模并没有它们那么大，但是我们的规模肯定也是屈指可数的——我们的年收入已经从5 000万美元左右增长到了6 000万美元。当人们问我们是否有出售意向的时候，我们回答没有。

最后，一些来自美国教育管理公司（EDMC）的人联系了我们。我认为这个公司是美国最知名的拥有私立学校的上市集团。这家公司的创始人鲍勃·科纳特森（Bob Knutson）和 CEO 约翰·麦克曼——缅因州的前任州长，到我的办公室来拜访我。他们到来的目的很简单，他们说："我们知道你并不想出售，但是有一天你们会希望从你们所投资的领域中退出的。为什么你们现在不考虑退出呢？"我们没有实质性的负债，但是我们需要偿还所有的投资款以及其他款项。我说，如果要我们考虑出售，那么条件就是我们至少要获得超过 1 亿美元的现金，同时，你们必须继续聘用我们所有的员工。他们说："没问题，我们能做到。"最后，我们以 1.2 亿美元的现金将我们的教育产业出售了。这是一个很大的胜利。EDMC 履行了他们对我们的所有承诺，包括继续聘用我们所有的员工。我们的 CEO 比尔·布鲁克斯最后成为了教育管理公司的首席运营官。

在我们将私立学校业务出售给 EDMC 之后，我们在旧金山收购了另一家叫 Fire Solutions 的教育机构。这家在 1998 年成立的公司为经纪人和其他必须获得牌照或者必须通过考试才能进入保险、经纪及其他行业的人员提供在线培训服务。

我们近期在帕尔默集团的收购行为考验着我们谨慎选择每个新收购对象的决心。这个收购对象是塞伦国际大学（Salem International University），这是位于西弗吉尼亚塞伦市的一所大学。它的在校学生大约有 700 人，同时还有几百名在线学习学生。这是一家背景复杂的学校，由一些知名人物担任领导职务，包括一位著名的参议员和一位前任地方长官。和其他主要的文科院校一样，它早在 10 年前就进入了经营困难时期。一些国外投资者通过购买土地和建筑，以及安排他们的代表进入理事会的形式进入并且有效地控制了这家非营利学校。一家日本集团在持有学校股份几年之后就将所持有的股份出售给了另一家新加坡机构。这两家机构联合起来在超过 10 年的期间内投资总额超过了 3 000 万美元。

在我们看到这种情况的时候，这家学校每月的支出大约为 50 万~60 万美元，并且很快就要破产了。这是我们遇到的最困难的收购。我们没有什么时间来分析这种状况，因为它很快就要被迫进入破产程序了。它迫切需要资金，并且，它还存在所有你可以想象得到的问题。它和授权机构、联邦及地方政府以及它们的债权人等等之间都存在问题。

虽然如此，这家学校还是展示出一些非常吸引人的机会。在我们现在所处的时代，越来越多的教育将以网络在线的形式提供。塞伦国际大学具有当地整个区域授权机构的授信，这是你可以获得的最高等级的授信；它还有在线教育系统，以及包括工商管理硕士和教育硕士等在内的研究生计划。在当今的教育界，这是非常强大和有力的基础。另外，我们非常确信教育部会下发在线教育课程的课堂出勤比例为 50％的要求，后来事实确实如此，这将会提高收购的价值。

我们在可用的时间里进行了尽可能多的尽职调查。我们发现这是一种高风险、高回报的情形，随后，我们决定引进风险投资基金来降低我们的风险。在我们和风险投资基金达成合意之前，我们投入了一定的资本，并且间接地拥有土地和建筑。然后，我们继续进行尽职调查，尽管我们必须投入额外的资金，并且必须在 60 天内完成实质性交易。当时还有其他潜在的购买者，但是他们不能如此迅速地作出行动。当我们完成尽职调查的时候，我们给其他所有者提供了一份冗长的清单，这份清单包括我们调查发现的所有情况，并且告诉他们我们对土地和建筑只能提供 50 万美元的对价，他们必须豁免学校 700 万美元的负债。对于 28 栋建筑、500 英亩土地和一所运作的学校来说，这似乎是相当便宜的价格。我们预计，仅建筑的维修替换成本一项就需要大约 7 800 万美元。但是，如果没有一所有效运作的学校的话，这些建筑是没有价值的，因此，和我们今后不得不投入的资本相比，这 50 万美元仅仅是冰山的一角。我们当时就不得不立刻注入 500 万美元以维持学校的运营。

然后，我们开始着手进行我们必须学习去做的事情。我们联系了一位曾经多次使学校转型从而渡过危机的 CEO，并询问他是否能管理这家学校两年，直到我们找到我们永久的 CEO 为止。我们将这家非营利学校转型成为营利机构，这就要求我们获得国家的批准。西弗吉尼亚的经营环境优越，事情也进展得很顺利。我们和教育部及其他联邦机构、授权机构、信贷机构、国家教育机构以及很多其他未来可能购买的机构进行了商谈。

接下来，我们开始削减成本。我们裁掉了一些不重要的员工，尽管在此之前这已经进行到一定的程度，我们已经没有太大的裁员空间了。我们停止了所有的水上运动计划，并且去掉了那些每年需要花费成千上万的资本来推销骑马中心的骑马计划。我们将一些土地和历史悠久的建筑捐赠给了当地的基金会，然后获得了巨大的税收减免。我们为配合 CEO 的工作引进了一些新教师以及所有重要的管理人员。在这 24 个月里，我们一直处于盈亏平衡点。之前的所有者提供了 3 000 万美元的资金以供经营，但是，学校的财政状况依旧是每月需要耗费 50 万～60 万美元的流动资金。

现在，我们采用自己的方式来建设我们的在线经营业务。我们希望在未来 5 年内，这些课程的学生数量能够达到 6 000～10 000人，并且，我们希望拥有一家非常有价值的企业。我们打算像永久持有这家学校一样地经营这家学校。我们计划彻底地提高整个学校的质量，并且希望能以我们的所作所为而自豪。在这个过程中，我们将对很多学生以及西弗吉尼亚地区作出贡献。我们是赛伦市的最大雇主，我们会成为良好市民，并且给这个经济萧条的地区提供经济支持。同时，我们会对我们的行动感觉良好，并在这个过程中找到很多乐趣。

这就是企业领导力的体现，如果你知道自己将要做什么的话。在我们收购职业学校的时候，我们已经从荆棘坎坷的——至少在开始阶段如此——风险投资中学到了沉痛教训。同时，我们也有效地认识到了不足。

7.5　当企业领导失败的时候：错误和潜在的不足

对于准企业家或者未来的企业家来说，他们所面临的最严重不足就是缺乏经验。潜在的企业家无论是否有对产品或服务进行商业化的打算，是否感觉到在对如何运作没有具体计划的情况下成为一名企业家的紧迫性，都可能会经常在新型的风险投资中缺乏经验。这当然是我和我的合伙人在成立帕尔默集团的经历。我们所犯的错误是值得大家引以为戒的。

我们收购的第一家公司是位于费城的 Spike's Trophies。这是那个城市最悠久且最著名的制造企业，其销售额达到数百万美元。这笔投资是一次值得吸取教训的失败投资——部分原因在于我们没有进行适当的调查。由于不尽职的调查，我们对这家公司的财务状况作出了不当判断，为此我们付出了过高的代价。我从梅隆银行借款来收购这家公司。这家公司的实际情况被暴露的时候，我们几乎立即就想中止投资。

这是我第一次和银行家打交道的亲身经历。梅隆银行当时正经历着一段艰难时期，并且正计划清理其贷款资产组合。我告诉这些银行家："你们担心什么呢？我会还款给你们的。"他们说，如果那样的话，请在这些贷款项上签上你的名字（我并没有这种个人责任）。我说："我不想在这些贷款项上签上我个人的名字，因为你们得到了我的承诺。你们未来是会得到偿还的。"梅隆银行表示其更加愿意我们立即支付 60% 的款项以结束这笔贷款，而不是将来全额还款。我很不情愿地同意了——尽管我并不想这样处理。最终，问题得到了解决，并且在将公司股份出售给公司的员工之前，我们持续经营了 12～13 年的时间。员工们为此感到非常高兴。

Spike's Trophies 的经历教育了我，其实我对收购公司并不是很在行，下一次我要更加谨慎。尽管我在沃顿和 Touche Ross 的时候已经很像企业家了，但是我并不具备企业家的收购意识。这家学校的艰难经历也给了我更加深刻的经验和教训。

随后，我们进入了薪酬管理行业。我向一位在这个行业做得非常成功的朋友请教，并且告诉他我也打算进入这个领域。他说："我知道两位很不错的同仁，他们之前曾给我工作过，他们应该可以帮助你。"在那个时候，我犯了一个很基本的错误：我并没有让其他人来检验他们是否合适。我认为，如果这些人已经为我的朋友工作了 10 年，那他们一定是很优秀的。其实我应该进一步了解他们才对。

我们认真地拟订了一份合约，描述了我们开展事业的方式，界定了他们的角色是日常的经营者。但是我很快就意识到了，在他们看来，我们只有一种用途——资本来源。我们持有公司 85％ 的股份，而他们希望在工作开展过程中获得更多的资金。他们的观点是拥有越多的新用户的资金，薪酬管理行业的规模就会越大。他们不愿意听取我们对业务经营方式的意见，特别是有关费用控制和利润增长方面。他们仅仅希望持续在我们这里获得资金，这样他们就能越来越快地开展业务。我们最终遇到了僵局。公司总裁不停地对我说他打算辞职，因为我们并没有做到他希望我们做的事情。我的忍耐终于到了极限，我说："好啊，那你就辞职吧。"他不敢相信我居然同意了。我实际上没有必要解雇他——他威胁要辞职，那我就接受了。

后来我经历了一段困难时期，他们想强迫我将公司卖给他们。他们提出要求，争论说我一直想踢他们出局，然后发展到进行仲裁。这是一家规模很小的公司，出售价格也就几百万美元，但是仲裁费用就达到了几十万美元。这真是一场噩梦，并且这个噩梦持续了超过一年。最后，我们出售了这家公司。

这些痛苦经历的发生是因为我和不适当的人合作经营。教训就是，我们没有对我们将要合作的人进行调查。我们应该更加深入地了解他们加入并和我们合作的动机，这能帮助我们判断他们的目标，分析我们在以前的困难时期是如何处理的，以及关注他们与他们过去的客户、供应商和其他合伙人之间的关系。换句话说，我们必须确保他们的目标和我们的目标保持一致。

这些教训以及其他一些经历是我所遇到的不足。我从这些经历中学到了如何避免这些不足的三点经验和教训。首先就是，作为任何尽职调查的一部分，你一定要对将要和你共同合作经营的人进行背景调查。你不仅要核实他们给你提供的资料，还要分析其他可能给你提供客观评价的信息。这远比他们面试时口若悬河所描述的资料更加重要。

第二个教训是，如果你打算购买一家准备结束经营的企业自行经营，那么一定要确保你所获得的财务数据是真实准确的。

第三个教训是，关注在企业中你和你的合伙人之间的合作安排。如果你们建立的是一家合伙企业——即使是和你认为非常诚实的人所建立的——如果你们成立的是 50—50 制企业，或者管理者认为你是一位不过问业务的合伙人，或者对方控制了企业的客户关系管理，尽管你持股 85％，也会带来麻烦。有些人需要担任领导者，并且获得明确授权的股东协议书。如果你有合伙人，你不可能关注所有的问题，迟早有人需要作出决策。如果公司还有两位势均力敌的合伙人，迟早你都会遇到麻烦。薪酬管理公司也许是我从事经营的 15 年以来经历过的最糟糕的情形了。那是我犯下的错误，我要对此负责。

还有一些虽然我没有遇到，但是其他企业家遇到过的不足需要和大家讲述。我和汤姆·普立史比（Tom Presby）在 Touche Ross 相识，并密切地和很多公司的 CEO 共同工作。这就使得他对企业领导者所犯的错误非常清楚。用他的话来说："企业家所犯的第一个错误不是挣钱。他们应该理解，过低的预计通常都是可以实现并且通常都是可超越的。在我看来，这些企业家们所犯的最大错误在于他们愿意推迟获得盈利的时间。没有一家优秀的组织是不盈利的。"

"我经常会遇到企业家，但是他们并不知道自己需要什么，"他说，"他们过于关注经营的某一方面，以至于不能注意到其他事务，然后这些事务就消亡了。要想成为一名成功的企业领导者，你必须拓宽思维。你必须理解普通员工的想法，以便建立一个能关注所有重要方面的组织，而不是建立一个仅关注 CEO 认为最重要的事务的组织。"

这引出了我对企业家的最终观点：如果他们是成功的，他们将会发现自己是在一种不同的环境中领导。

7.6 在其他环境中领导

成功的领导者会发现，随着业务的发展，组织也会随之发展。他们之前所适用的方式方法，在他们领导越来越复杂的成长型企业时可能已经不再适用。汤姆·普立史比刚刚告诉了我们一些不足，指出最好的企业领导者会认识到他们必须进步。"我知道 CEO 们开始的时候并不太关注财务，但是，现在因为《萨班斯-奥克斯利法案》（Sarbaned-Oxley）而极大地关注影响财务报表准确性的方方面面，"普立史比说，"在其他公司，CEO 是非常具有企业家思维的，但是不够系统。所有这些说明了领导并不是静态的活动。领导者必须转变思想，开发新技能和培养新兴趣。他们可能会不得不做一些和他们的想法不一致的事情，以便能够持续建设他们的组织和提高自己的能力。"

7.7 领导能力和企业家的社会地位

2006 年夏天，当比尔·盖茨宣布他将逐步放开他在微软的职务，而更加积极地从事比尔与梅林达·盖茨基金会的事业时，引起了一场轰动。这个基金会主要关注全球贫困、饥饿、健康、教育，特别是美国教育体系的不平等问题。当沃伦·巴菲特——非常了解

盖茨的人士——说他将会以 1 000 万股美国伯克希尔哈撒韦公司
（Berkshire Hathaway）股票的形式捐献 310 亿美元给盖茨基金会的
时候，这一事件变得更加轰动，从而使得基金会的资产超过了 600
亿美元。

近年来，从乔治·索罗斯到诺贝尔奖获得者穆罕默德·尤努斯
（Mohammed Yunus），企业家开始关注社会问题——尽管他们可能
缺少盖茨或者巴菲特的实力。结果，非营利组织的领导力变得尤为
重要——在本章结束之前，我想强调这种独特的组织环境以及这种
领导者所面临的特定挑战。

这些领导者的目标通常是，他们想向他们自己及其委托人证
明，除了建立营利性的公司之外，他们还可以为社会作出不同的贡
献。在一些案例中，非营利组织具有自身的强大动力，为社会作出
了巨大的贡献，正如领导者追求营利的活动一样。为了达到目标，
领导者必须能够将他的企业领导技能有效地应用到非营利环境中。

约翰·迪里欧，基督会领导力的专家，也是宾夕法尼亚大学令
人尊敬的教授。他说他经常和一些希望成为慈善家的企业领导者讨
论。"我告诉他们不要丢弃他们在企业环境里的领导技能，"他说，
"领导的原则是一样的，尽管组织体系和环境不同。"

比尔·盖茨就是一个将企业管理技能应用到非营利机构的例
子。"盖茨锻炼那些知道自己想要实现什么的人——并且关注获得
可衡量的结果，"迪里欧说道。另一个例子是威廉·西蒙（William
E. Simon），尼克松总统时期美国财政部的前任秘书。通过他和他
儿子的努力，西蒙在 PAX TV 网络的发展中起到重要作用，迪里
欧说道。"他们询问传播非色情非暴力节目的电视网络是否存在市
场，"他说。"他们进行了调研，就像所有社会科学家所进行的那
样。他们一丝不苟地调研——并且发现有部分人强烈地认同健康电
视节目的价值。在投入之前，他们并没有丢弃分析市场需求的
观点。"

按照迪里欧的说法，企业和非营利组织领导之间的差异是"在

非营利领域中没有账本底线。你必须获得可衡量的影响，但在非营利领域，比如政府部门，事情如何执行和实现了什么成果是同等重要的。这就强调了过程的重要性。"企业领导者必须在经营环境中理解这种差异。

近年来，非营利组织的显著变革之一就是企业领导原则的灌输，迪里欧写道。"对可衡量结果和高收益的慈善事业的关注正是企业领导原则在非营利组织的应用结果，"他说，"在非营利领域，人们关注的是达到成功的巅峰。当人们寻求领导方面的建议时，他们会向企业领导者求救。你可能会在非营利环境中经营，但是到最后，你需要具备能够判断自己是否成功的原则。你可能会考虑经营的环境，但你同时还要继续攀登，直到到达成功的山顶。"

维吉尼亚·克拉克在搬进华盛顿特区之前一直在宾夕法尼亚大学工作，作为对史密森尼博物院提供融资的负责人，她解释说非营利领域和学术界是相似的，同时也是不同的。她说："在学术界，有些教师负责研究，有些教师负责教课，还有些负责为学生提供服务——还有基层的职工为他们提供支持。在史密森尼，我们有一些研究员，还有一些负责公众事务的职员，同时也有为他们提供支持的职员。在某些程度上，它们是相似的。"

与此同时，克拉克说道："在某些方面，学术机构和像史密森尼这样的非营利组织之间是存在差异的。在学术机构，每年都有一定数量的学生入学，他们会支付学费，然后作为毕业生毕业。这就为这些组织的现金流提供了一定的可预测性。在史密森尼和其他非营利组织，公众随时都会进来，它们也不像学术机构那样具有可预测的现金流。一些博物馆依靠有吸引力的展览来获取收入，但和学术机构相比，它们更加容易受到像天气这样的因素的影响。"

这些相似性和差异性对领导力作出了重要的暗示。"由于现金流是不可预测的，因此在非营利组织你不得不对长远的计划提出更高的要求，"克拉克说道。"在学术界，你可能会被短期的想法所吸引，但是在非营利组织，你不得不保持一定的原则性，牢记你的长期目标。"另一种暗示就是，根据克拉克的说法，和学术界相比，非营利组织需要有更具个性魅力和特征的领导者。"原因在于，在非营利组织，你没有一张强大的安全网，或者组织中没有完备的基础设施。"克拉克说道。

史密森尼的领导面临自己独特的挑战。"国会给我们提供了一笔可观的资金，但是我们不属于任何一个支持者的机构。"克拉克解释道："比方说，如果我们设立在芝加哥，我们可能会集合来自伊利诺伊州的国会代表的资源，但是我们设立在华盛顿的商业中心，所以我们是属于大家的。为了应对这种情形，我们必须恰当地加以处理，这样我们才能纯粹地从财务的角度上进行讨论。我们必须为我们的需求作出一种公正客观的财务解决方案。"

克拉克说，她还要确保"我们的董事会以及主要捐赠人知道这种情形，这样他们才能得到和他们同一阵线的参议员和国会代表的支持。我们不得不将自己定位为像'美国博物馆'这样的角色，使它在感情上具有吸引力。"

总之，克拉克说明了在非营利环境中的领导具有独特的挑战："处理不确定性的领导力包括：形成强大的财务实力，使我们的支持者拥护对应的情形，同时又要具备一定的情感吸引力。其他非营利组织也应该遵照这种过程。无论你在查塔努加（美国田纳西州东南部城市）、田纳西州还是史密森尼的艺术博物馆，你都应该遵守这些相同的步骤。对大部分非营利组织来说，这是通用的规则。"

小　结

■　如果你计划收购公司，一定要作好准备功课——尽职调查。你从来都不会清楚地知道你应该知道的事实，但是，在你作出决定之前的那段时间，你必须尽可能多地了解情况。

■　和恰当的合伙人合作。如果你和恰当的合伙人合作，那么最终获得令人愉快、具有生产性和回报力的产出结果的几率会更高。如果你和不恰当的合伙人合作，失败的可能性会大大增加，并且在任何情况下，这都将会是一个痛苦的过程。

■ 如果你没有打算亲自经营，那就要花费必要的时间来寻找一位顶尖的CEO。在决定是否收购一家企业之后，这将会是你需要作出的最重要的决定。我认为自己是具有良好判断力的，但是我所作出的判断只有一半是正确的。这并不意味着当我对我所聘任的人作出错误判断的时候，会带来灾难——他们仅仅是不胜任对应的职位。一些作出令人难以置信的影响的人，实际上的影响力并没有那么大。

■ 一旦你作出聘任谁的战术决策，就必须做深入的背景调查。这项调查应该是深入透彻的，而不仅仅是询问向你提建议的人，因为你知道他们将会说什么。

■ 如果你找到了CEO并成立了领导小组，那就让他们发挥所长。如果CEO不能按照你的标准进行经营，那你就换一位新的CEO。优秀的CEO并不希望处于这种环境——每天通过电话接受一些投资者的指令。

■ 不要忘记你是企业的所有人，所以你要更进一步地清楚认识公司的经营进展。这就要求你具备快速进行有效沟通和了解问题本质的能力。

■ 即使合伙人是很优秀的，也不要采取50—50的合伙制方式。必须要有一位控制人。

■ 在某些情况下你不得不作出是否和特定风险投资企业合作的决定。你能从中获得的只是学习。我认识一位从来都不进行交易的风险投资人。在他发现一些令他心烦的事情之前，他就不断地用最基本、最直觉的方法检验事情，然后他就走开了。也许你会认为他不是真正的风险投资人。

■ 风险是和潜在收益联系在一起的。这就是沃顿教给你的，并且这也是正确的。我几乎不知道有什么交易会获得巨额回报，却不存在相关风险，所以在大部分情况下，你需要承受和潜在收益相匹配的一定风险。因此，在作出决策之前仔细考虑这一点。一方面，我怀疑你是否希望将所有的鸡蛋都放在一个篮子里，使自己的投资组合单一化配置在高风险但潜在收益丰厚的情形中。你可能需要不同的风险投资来分散风险。

■ 像打算长久持有一样对待你的投资。你应该这样经营，即这是你引以为豪的公司，并且你希望在公司的经营过程中做到卓越，同时体现出你的经营特色和方式。

■ 业务迟早都会盈利，那就使它快一点盈利。

■ 随着业务的日益发展和复杂化，你要提高你的领导技能。

■ 一些经营者认为投资者仅仅是一个无穷尽的资本来源，这是一种不健康的思维方式。经营者应尽快使公司盈利。利润可以投入到新企业和新产品当中，但是如果需要进一步作出投资，那么一定要深思熟虑。投资者由于需要投入更多的资金，因此会大量引进风险投资。为弥补长期亏损的资本输入不是一件好事。

■ 清楚地表达你的想法。在学术界或者是非营利领域中，你可能经常会根据自己的方式使用一些微妙的外交语言。在这里你需要直接、清晰地表达你的立场。如果你不这么做，你可能会耗费大量成本，甚是失去业务。

第**8**章 学术机构:
学习沃顿的经验
*C*hapter Eight

　　在学校中进行领导是一个复杂的过程。与我以前领导的 Touche Ross 相比，学校的人员数量要多很多。在使事情以集体利益为出发点进展的过程中，我发现其他人可能会觉得他们的优势被埋没了。在学术机构，领导者所面对的组织成员——可能是院长、教务长或者是主席——在学校的行政管理、教师权利、毕业校友、学生、行政职员、审批机构等等问题上都必定会有争斗。后来我感觉到，如果某天早上我起床的时候，让他们投票表决明天太阳是否会升起来，经过相当激烈的口舌之争，投票结果将可能是 51∶49，而且事先我并不能肯定这结果会是认为太阳会升起来还是不会。

　　在这一章，我将延续之前的方式，描述我作为一家大型商学院的院长在不同环境下的经历。我之所以认为我的经历能够帮助读者，原因在于它们说明了领导者应如何经营管理，同时说明了在学校的环境中领导者如何才能获得成功。在接下来的内容，我将讲述我是如何被任命的，以及教师们的质疑：一个没有研究生学历的"会计师"如何能够和一批知名的教师一起领导一家商学院。我第一次参加的全体教师大会差点令我失去了院长的职位，直到我找到与他们沟通的恰当方式。在这一章中，我将会讲述我在沃顿所采取的需要教师和行政职员合作的一系列措施。我会解释这些经历是如何教会我众多商业领导者所忽略的不足，他们因忽略此不足而未能在学术环境中进行有效的领导。我将讲述学术界的成功领导者是如何为其在其他组织类型中的可能面临的管理工作提供有效的背景支持的。最后，我要感谢沃顿的三位教师，他们总结出了学术界领导者为了获得成功所应采取的方式。

尽管学术界在很多方面都有不同之处，但是，即使你不是在学术界进行领导，这种组织也和其他组织一样有一些共同的特征，这就使得这一章变得同样重要和具有帮助意义。

🌀 8.1 组织类型：学术机构

那是 1983 年 3 月 17 日，我在蒙特利尔参加 Touche Ross 举办的一场有关国际领导的会议，当时我的助理过来对我说："打扰一下，我们出问题了。"

问题正如她所解释的，《沃顿邮报》在早间版刊登了一则故事，提到我即将被任命为沃顿商学院的下一任院长。但是，会议中的所有人以及我们公司的所有人都不知道这个消息。所以，当天傍晚，我将《沃顿邮报》刊登的这个故事告诉了我的同事。我解释说我给沃顿商学院做过演讲，并且表示过对眼前这个职位感兴趣——但是没有人正式授予我这份工作，并且我也没有接受任命。"我仅仅希望你们知道这个问题，"我说道。

我对沃顿商学院发表的关于担任院长的演讲情况并没有让熟悉我的人感到惊讶。正如我在第 4 章"合伙式的组织：领导你的合伙人"中所提到的，Touche Ross 的提名委员会已经计划提出为我延长十年任职期限——或者至少提出议案来修改合伙企业章程——但是我已经决定不接受这个提议。对于那个职位来说，十年已经足够长了——或者可能对任何职位来说，都是足够长的。

仔细思考下一步的计划之后，我暂时决定从事一些与商学院相关的事情，可能会担任学院的院长，这也许是一份有趣且具挑战性的职业。在我作出这个暂时性的决定之后不久，我接到了比尔·罗德（Bill Ruder）的电话，他是建立在纽约的交流机构罗德公关公司（Ruder and Finn）的创始人。我曾因为公众关系问题和罗德密切合作过，并且也告诉过他我对在学术界工作感兴趣。他说："沃顿正在招聘一位院长，你愿意去和他们沟通一下吗？"我的第一反应就是时机并不合适，但是他问我："拉塞尔，难道你认为世界会以你认为的时机为中心吗？你现在有一个不可多得的机会，并且这也正是你想要的。你打算去参观一下沃顿商学院吗？"他说得很对，所以我决定去参观一下那所学校。

当我来到沃顿商学院的时候，我了解到了更多的情况。宾夕法尼亚大学一年多来一直在寻找一位院长人选，这个时间远远超出了所有人的预期。遴选委员会（The Search Committee）已经查阅了100多份简历，并且面试了不少人，但是有一些人不能全职上班。当我会见遴选委员会的时候，我告诉他们我能向他们保证一件事情："如果我不来这里，我就有时间来写一本书，或者经营一家公司，或者将这个机会作为我下一份工作的跳板。如果我来这儿——假如你们需要我的话——我的脑海中只有一个想法——如何使沃顿商学院成为顶级的商学院。"这是我首次讲述我对在学校任职的看法，但是这最终并没有任何意义。无论我还说了什么，我想这种陈述将会引起一阵骚动。

当我第二次会见遴选委员会的时候，他们问我，和其他事情相比，我是如何看待参加院长会议的。

"请重复一遍，但首先你们要告诉我院长会议是什么。"我说。"是所有的院长聚在一起来商讨教授的任命和升职等问题。"他们解释说。

这个问题似乎是指向我没有作为沃顿商学院的院长所期望具备的博士学位。我说："我想你们问我的问题是，一个没有足够学术背景、对专业参考文献没有深入研究、没有学术成果的人是如何准备讨论这些问题的？看起来对于我来说，你们真正希望知道的是，和那些具有'多重头衔'，如博士学位等的人一起在学术机构任职是否会有压迫感。"

"是的，那正是我们真正想问你的。"面试官说道。

我认为自己领导 Touche Ross 的经历确实能为自己的胜任提供帮助，所以我回答说："我在一家有 20 000 多位专业人士的机构工作。和我共事的博士不下 10 位，但是我和他们之间的共事并没有任何问题。我希望这回答了你的问题。我知道，和其他人相比，我要为院长会议做更多的准备工作，但是，我会准备做好的。"

遴选委员会简短扼要地作出任命，我将在 1983 年春天成为沃顿商学院的第十任院长——这是该学院首次任命非学术界人士担任院长。

正如说服遴选委员会一样，现在呈现在我面前的困难是：说服教师们相信一位仅仅只有密歇根州立大学本科学历的人能够领导他们。正如我对遴选委员会所说的，我认为我的工作就是按照我们达成一致的集体观点来领导学校，并且我不必深入进行财务方面的调研。在其他方面，我所需要做的是招聘顶尖教师来建设最佳的学院，以便吸引最优秀的学生并帮助他们获得最好的工作。我认为，我的工作就是通过引进并且提升和培养各界专业人士，令他们在课堂上有效地将自身的专业知识灌输给学生，从而将沃顿建设成为一流的学术机构。我是否能做到这一点，和我对科研有多深的认识是没有关系的。我并不认为我在学术背景方面的不足是一个问题。问题在于如何让教师们接受这个观点。

我第一次参加全体教师大会的情况相当糟糕。那次会议是由学校的主席谢尔登·哈克尼（Sheldon Hackney）提议召开的，教务长汤姆·埃利希也应出席该次会议。教师们——人数超过 100位——来到院长办公室所坐落的 Steinberg Hall-Dietrich Hall 街道尽头的小型圆形会所。这是我的第一场真实考验——每个人都知道这一点，包括我自己。

我站起来发表讲话。我对自己该讲些什么进行过深入的思考。我对各位专业人士表达的主要思想如下：如果你们期望听到我当前对沃顿作为一所商学院的计划，那你们可能要失望；我认为我的职责是按照我们达成一致的集体性意见来领导学校。我期望大家对这个观点是持认同态度的，但是，当我环视他们的时候，他们对此没有作出任何表态，仅仅是保持沉默。我从眼角的余光中看到，甚至有些人正在阅读资料。

随着对这种状况的认识，我继续谈论我所准备的其他观点和想法。我决定讲15～20分钟。在之前的职业生涯当中，我参加了不少的会议，能辨别出我是否得到了人们的关注以及他们是否认同我所表达的观点。我知道这次演讲并没有得到人们的关注，他们也并不认同我的观点。我能想象到他们的想法——遴选委员会肯定是疯了。会议室里大部分的教师可能会认为遴选委员会被折磨了一年多的时间，当他们不能找到一个令全体委员一致同意的候选人的时候，就拉来一个只有州立大学本科学历、没有在学术机构中任过职的会计师来充数。很明显，遴选委员会的所有人都疯了。从来没有一位没有博士学历，并且之前与学校没有任何关联的人来沃顿担任过院长。

我决定冒这个风险。第一印象是非常关键的。我知道，如果我没有给大家留下好印象，那么，我可能需要好几个月的时间来克服这个障碍，但是，我只剩下不超过15分钟的时间了。因此，我说："我只知道一件事情，我来这里的原因是帮助沃顿成为一流的商学院。我对此进行过研究，因此我知道我们目前所处的环境是怎样的。如果我们计划成为一所一流的学校，我们就必须具有最优秀的教师；如果我们具有最优秀的教师，那我们就要给这些优秀教师相当的，我认为应该可以和哈佛、斯坦福所媲美的薪酬。现在，我知道你们的平均报酬只有哈佛和斯坦福大学同级教师的2/3，我将尽我最大的努力来改变这种状况。"

谢尔登·哈克尼，这位学校的主席，他的脸似乎都变白了。他几乎不敢相信自己刚才所听到的。汤姆·埃利希，那位教务长，脸上保持着克制的微笑。会议室的气氛突然发生了转变。教师们端坐起来并开始注意我的演讲。那些原本正在阅读资料的人也放下了手里的资料。我几乎听到了他们的看法："也许这个家伙并不是那么糟糕，也许我们应该给他一次机会，看看他表现得怎样。"

这再次体现了我在第 1 章所提到的领导原则。为了成为一名领导者，你必须理解你的员工的私利。可能会上的每位教师都希望并且认为自己理应得到更高的报酬。他们可能对其他的每件事情都有其他不同意见，但是，这是一件他们都一致同意的事情。我仔细地研究过薪酬问题：我知道在当时，哈佛和斯坦福大学的高级教师的平均收入要远远高于沃顿高级教师的平均收入。他们开始对我的看法是一位没有学术资格的家伙，现在，他们认为我是一个有勇气的人——在第一次全体教师大会上就在主席和教务长面前说："我将尽我最大的努力来提高薪酬水平，因为你们值得这个回报。"我没有告诉他们的是，他们当中只有一半人的薪酬是值得提高到哈佛和斯坦福大学水平的，甚至是更高，而另一半的人并不具备这种水平。在这次演讲之后我并没获得过多的反馈——但我知道，这是"积极的反应"。

8.2　教师优先

为了使这个集体性的观点变成现实，我们开展了一套叫做卓越计划的项目。这个计划的目的是使沃顿成为美国顶级的商学院，并在很多方面区别于其他商学院。为了计划的成功执行，我们必须使学校的每位成员——教师、职工、学生、校友等——共同投入，以实现该目标。起初，我认识到，如果我能够赢得高级教师的支持，将是很有帮助的，因此我们设立了由经常提出重要观点的教师组成的教师顾问委员会（Faculty Advisory Board）。他们不仅提供有建设性的建议，同时给了我领导其他教师的权力，因为大家知道我在关键决策方面经常向这个委员会咨询。

在我被任命为院长之后、正式出任之前，我每周到学校一次，目的是和所有希望和我见面的人进行会谈，而当时我的前任卡罗先生（Don Carroll）仍在职。另外，我还提出和我想认识并了解的教师进行会面。有趣的是，正如所预见的，很多希望见我的人都有自己的目的。他们不满意他们的薪酬；他们希望获得晋升；他们希望朝着某个方向前进或者保持某种状况。

在开始卓越计划之前，我和学校里各种类型的人员进行了超过200个小时的谈话——学院负责人、核心教师、学生以及主要行政管理人员。我询问他们的问题包括："我们在这儿要做什么？我们是怎么做的？在我们实现目标的过程中遇到了哪些问题？实现这些目标需要多少费用？"

同时，我还询问了行政管理团队："我们的客户是谁？"他们看着我，好像我是从外星来的，不知道在学校是没有客户的。事实上，学校中某些人的态度是，如果他们不用管理学生的话，学校将会是一个美好的地方。经过几次讨论之后，我们同意：沃顿确实，也许，有自己的客户——就是那些支付高昂的学费到学校学习的学生，以及那些招聘这些学生的公司和组织。在我们得出这个观点之后，很明显，我们必须要更加关注学生们在学校的经历。我们同时还要关注并且改善那些到校园进行招聘的公司的待遇。

在听取了至少200个小时的意见之后，我提出了一个战术计划，然后决定组建战略计划小组。这个小组由核心教师以及一两位外界人士组成，包括约翰·哈里斯（John Harris），来自博思艾伦咨询公司（Booz Allen Hamilton）的咨询顾问，他将作为协助者为小组提供支持。我们和这个小组到外面商讨了两三天，并重新组建了这个计划，回来之后我们就将这个计划展示给那些主要的教师顾问们。随后，在我们最终向全体教师提出卓越计划之前，我们就已经在各种不同的小组之间达成了一致意见。当我们召开教师大会的时候，大部分教师都已经认同我们的计划并且签署了计划书。

这个计划重点关注几个我认为会对使沃顿成为顶级商学院这个目标的实现起关键作用的问题。其中一个关键要素就是我们应该为学校招聘优秀的教师；其他关键要素包括融资、学生招募、调整课程安排、完善高级经理人培训课程、改善基础设施、提高科技水平等。我在学校任职期间，引进了 111 位教职员工。在教职员工的帮助下，我确认了不同学科的优秀教师，然后就到芝加哥、耶鲁、哈佛以及其他大学去和他们会谈，看是否能将他们引入沃顿。我将这看成工作的一个重要部分。

我对待教师的方式会根据他们来自的教育机构的不同而有所区别。有时候，我们会邀请他们来沃顿做讲座，然后会告诉他："我知道你对当前的环境很满意，但是，让我们设想一下，如果让你离开那里来沃顿的话，你会希望得到什么？"他们可能会告诉我答案。

一些教师并不希望担任那么多的教学课程；一位来自耶鲁大学的教师希望扩大他的管理计划；还有很多人希望获得更多的研究经费。有时候，尽管这种方式没有达到目的，有些我希望聘任的人最终没有加入沃顿，但是，他们还是很欣赏我们吸引人才的思考方式。最后，还是有很多人加入了沃顿。不久之后，美国的一些知名教授也加入了沃顿，其中包括金融界的桑迪·格罗斯曼（Sandy Grossman）；来自纽约大学的管理学教授伊安·麦克米兰（Ian MacMillan）；来自西北大学的会计学教授大卫·拉赫尔（David Larcher），以及来自斯坦福大学的罗伯特·李兹森伯格（Robert Litzenberger）。

另一个重要的招聘方式就是所谓的"特聘教授制"——据我了解，我们是第一个应用这种方式的，尽管现在这已经是一种很普遍的方式。我们去拜访那些从博士计划中毕业的年轻的优秀学者，并且给他们提供了五年期的"教授职位"以及 50 000 美元的研究经费。在这五年期间，他们每年可以用 10 000 美元来进行研究。我们可能会告诉这些教授们，在这些研究资源的支持下，他们应该更充分地考虑一下晋升——他们可以称自己为金融学的 XYZ 特聘教授。再一次地，学校的一些官僚主义者被气得发狂了。他们问："你们怎么能引进这些特聘教授制，并称这些新教师为'特聘教授'？"但是，我们仍然开始招聘这些优秀的教授。当然，其他学校也给他们提供了经费，但是，没有任何学校可以给他们提供特聘教授职称来使他们能够将自己的名字挂在这些头衔之上，并且没有任何学校可以给他们提供超过五年价值50 000美元的研究经费。这种特聘教授制使我们招聘到了帕特·哈克尔（Pat Harker），他后来成为了沃顿的院长，再后来去了特拉华大学出任校长。

这就是我们建设沃顿教师团队的方法。使沃顿成为一流商学院的一个重要因素就是拥有最优秀的教师，因为教师是学校运作的核心。沃顿要做什么？它要进行教学、研究、传递知识。沃顿教会了我——如果是真的话，我觉得我们必须拥有不仅能做好研究，同时教学水平杰出的优秀教师。沃顿的使命是给学生及其他人传授知识，这就会对教师提出要求。这就是学校的核心目标。

我看到在沃顿的教师就像 Touche Ross 的合伙人一样。我们可能有最优秀的合伙人，也可能有最差的合伙人。如果我们有最优秀的合伙人，我们将可能成为最优秀的公司。要做到这一点，说它有多简单，它就有多困难。一些 MBA 学员以及很多商业人士都认为最重要的是制定规定、规则，并实现优势等。其实人才是最重要的，因此，我们必须花费大量的时间来引进、开发、培养并领导他们。

8.3 合理安排课程

除了招聘优秀的教师之外，卓越计划的另一个关键要素就是检查课程设置。一个例子是学校的房地产课程。一些董事告诉我们麻省理工大学的房地产课程是非常强大的，并且比我们的要好得多。我告诉他们，我们在沃顿也可以开发出最优秀的房地产课程。我们引进了一些顶尖的优秀教师，然后，我们也开始建设这个领域的顾问委员会。我们能够吸引这些房地产商业人士的原因在于，他们希望参加研讨会的目的不仅仅是交流以便获得适用于该行业的最新发展方式，他们还希望聚集在一起，和其他开发商进行联系和交流。我们使房地产开发领域的顶尖人物加入了我们的计划，并且使我们的房地产课程成为了美国最优秀的课程。

在早期参观沃顿的时候，我就已经观察到当时沃顿的某些课程是由个别人员独立管理的，而不是作为学校正常组织运作的一部分。例如，我们有一个计划是由一位出色的管理学教授所管理的。这个计划有超过 100 位博士候选人，而他们当中许多人大部分时间都在进行咨询工作。这个计划聚集了一批不适用于其他学科的人员，而我却没有看到这个计划是如何满足学校博士生计划的整体安排的。对于一个像我这样的外行来说，这些活动看上去是不合理的。

我强烈地感觉到我们不得不开始清理那些看上去不属于沃顿的计划。我们没有时间、资金或者教师来满足所有这些计划的开展——我们必须将精力集中在那些可以产生最大影响并且是属于我们卓越计划的课程。最大的挑战就是，那个经营管理计划同时也是一个巨大的咨询业务。没有人敢碰这个计划，因为它非常强势。管理那个计划的教授是一位知名学者，同时也是一位出色的咨询顾问。但是，他只想完全独立地管理这个计划。

在我成为院长之后不久，那位教授告诉我，他不想担任这个系的系主任了，因为事务太多了。我同意了他的要求，然后，他推荐了另一位人士担任该职位。我的观点是那位人士不能担任这个负责人的职位，原因在于他不是我们在职教师的一员。那位教授一直坚持自己的观点，所以我和副院长一起商讨这件事情，他赞同我的观点，认为学校的系主任必须是学校的在职教师。当我告诉那位教授他推荐的人不能获得通过的时候，他威胁我说要辞职。我说："我们非常尊敬你，并且希望你能够留下，但是，那位被推荐的人士确实不能成为学校的系主任。"就这样，那位教授离开了沃顿，这就提供了我们所需要的机会。我们停止了那个计划，将原来的教师分配到各个不同的系里，然后为适当系别的研究方向引进博士生。记住我在第 1 章所讲过的松砖理论。在学术界，不要试图直接推倒一堵墙，否则的话，你会撞得头破血流。等到有一块砖出现松动的时候先将这块砖推掉。在六个月之前，这个计划是不可能被取消的。

运用同样的原则，我们逐步淘汰了一些不能满足我们战略计划总体使命的课程。

8.4 活跃高级经理培训课程

卓越计划的另一个重要方面就是建设一个高级经理培训课程的计划。一方面的原因在于，除了发展之外，这是一个重要的收入来源。但是，除了资金之外，我们同时还需要向那些大型公司以及它们的管理者和领导者们展示这个课程。过去，沃顿很少涉足高级经理培训课程。一群人聚集起来在各地的宾馆举办研讨会，而我们许可他们用沃顿的名字冠名。他们使用了一些沃顿教授的名字，但是我们对他们的活动并没有进行质量控制。很快，我们就取消了这个计划。

当我们提出我们准备执行高级经理培训课程，并将这个计划作为我们卓越计划的一部分的时候，一大群教授的起初反应——这是我们这个计划中最具有争议性的部分——就是他们不喜欢它。相当多的教师委员认为我们应该开展这个计划，但是，一些教师说他们已经承担了学校最重的教学任务，而教育管理者是他们不能胜任的。我们解释说，任何不希望在高级经理培训课程中担任教学课程的教师可以不进行授课。我想告诉他们的是，可能只有 $25\%\sim30\%$ 的人需要在高级经理培训课程中担任教学工作。我不能告诉他们这一点，但是这确实是事实。他们所教育的学生并不是研究生或 MBA 学员，而是在战争中成长起来的 CEO，COO 和 CFO，他们已经在商业领域摸爬滚打了一段时间，他们知道事务运行的方式。他们能迅速地判断出教师是否在现实商业领域中有丰富的经验，还是仅仅具备一些可能不能发挥作用的理论观点。

我们决定为高级经理培训课程成立斯汀伯格会议中心（Steinberg Conference Center）和阿瑞斯堤机构（Aresty Institute）。这个计划是我们卓越计划的关键战略部分，它要同时实现几个目标：为学校开展其他计划提供资金，和各个领域的商业管理者建立良好关系，使教师们在教授课程的同时从这些管理者身上学习经验，以及为校友们提供持续的教育计划。今天，这个计划每年都吸引了超过8 000 名管理者，并且带来 5 000 万美元的收入，这是学校利润的重要组成部分。这个计划同时在全世界高级经理培训课程的排名中名列前茅。

8.5　优化融资

我作为院长的一个主要职责就是领导学校的融资开发。如果我们希望吸引最优秀的教职员工并且提高他们的薪酬，我们就必须具有足够的资金。维吉尼亚·克拉克，现在是史密森尼学会的领导人，成为了融资开发部门的领导人，并且帮助完善了整个部门的发展。当时，学校的总体预算大约为 5 000 万美元，其中仅仅只有一小部分是通过融资取得的——我们需要更多的融资资本。

在我加入沃顿之后不久，我就召集了融资开发小组进行商讨："你们每个人负责筹集多少资金？"

他们说："那不是我们的工作方式。"

"那你们怎么做？"

"我们到外面去会见不同的人，我们让他们准备接受院长的接见以及融资需求。"

"你们的意思是所有的事情都取决于院长和他们的谈判情况？"我问道。很显然，事实就是这样的。

我对此有不同的观点。我告诉融资专员，我认为他们应该有自己的目标，并且他们每个人都应负责筹集一定数量的资金。他们的脸色变得苍白。没门！他们从来没有承担过筹集资金的个人职责。我补充说："然后，如果你们完成了目标，就可以获得奖金——数量不小的奖金。"在此之后不久，这个部门 1/3 的人选择了离开。他们不希望按这种新方式进行融资。我们不得不替换了另外 1/3 的人员，最后我们只保留了 1/3——我们另外招聘了一些员工。

这样，我们设立了融资目标，并且开始筹集到大量的资金。当人们完成或者是超额完成任务的时候，正如我之前承诺的，我们给他们支付了奖金。

当宾夕法尼亚大学听到我们给那些完成融资目标的人们支付奖金的时候，整个融资中心小组爆炸了。他们问是谁授权我给这些融资专员支付奖金的。宾夕法尼亚大学有很多人在为融资服务，但是他们没有筹集到足够的资金。宾夕法尼亚大学有一个发展小组，就像沃顿一样，他们提出这两个小组应该共同合作，向宾夕法尼亚大学和我汇报工作。嗯，我很早就认识到这种体系是无效的，原因很简单：宾夕法尼亚大学的目标和沃顿商学院的目标相悖。宾夕法尼亚大学发展小组的目标是尽可能多地从沃顿的毕业校友那里筹集资金——那些拥有大量资金的人——而不是从宾夕法尼亚大学的校友处筹集。而我们的工作是为沃顿筹集资金，这是两种不兼容的目标。

我和宾夕法尼亚大学的关系并不那么恶劣，但是，当时它们并不习惯于在这种任务中和我这样的人打交道。我就直接和他们说："我们打算做一些事情。我们不希望损害宾夕法尼亚大学的利益。相反，我们有责任支持并帮助宾夕法尼亚大学。但同样地，宾夕法尼亚大学也有责任帮我们实现沃顿的目标。"毕竟，沃顿的强大有利于宾夕法尼亚大学的强大。

在我们开始新融资方式之前，沃顿每年大约筹集的资金为300万美元。当我七年之后离开沃顿的时候，我们的融资能力达到了每年3 000万美元，而现在，沃顿的融资能力远远高于这个水平。

🌀 8.6 实现计划

当这些卓越计划的要素综合在一起的时候，我们就开始运转以实现目标——我们在我任职的七年里就这样朝着目标前进。我们只是保持朝着计划的方向进行运作。在每次的教师大会上，我都会给大家展示我们招聘了多少新教师，我们筹集了多少资金，我们引进了多少新的学生计划等。我们追踪我们的业绩是否与计划匹配。我使用早期的 PPT 版本来展示这些结果。我们的教师真的很优秀。人们常说教师是很难合作的，但事实并不是这样的；90％的教师都很优秀、很好合作。我们还组建了新的委员会。当我加入沃顿的时候，我们只有一个监督委员会。后来，我们增加了研究生委员会、本科生委员会、房地产委员会等。这就使得我们沃顿商学院能够和大量的管理者保持联系，并且能以各种不同的方式从这些关系中受益。

8.7　学术领导的潜在不足

从非学术界进入商学院担任院长的人当中，超过一半没有获得成功。原因不是他们没有学术背景，他们只是不知道如何以大学的方式来处理学术事务。他们在商业领域通常都是采取"执行命令，马上执行"的领导方式，而这种方式我在第 3 章 "自上而下型的组织：模仿这种机构并不简单"中已经讲述过。

在 Touche Ross，我已经习惯于和 800 或 900 个国内合伙人共同工作，同时我还要和更多的其他国家的合伙人打交道。尽管我们不是像一家真正的合伙企业一样经营，但是我们具有合伙企业的特征，并且人们认为我们都是合伙人，所有的合伙人都认为他们是企业的所有者。为了使这个体系有效运作，我们不得不成为大学式一致意见的建设者。由于这种原因，当我进入学术机构使教师们相信他们是最重要的人的时候，我并没有感觉到过多的转变，因为事实上他们确实是最重要的人。我知道自己并不是最重要的人，我是一个协调者/领导者。如果他们相信我的目标能够帮助他们实现他们所期望实现的目标的话，我就可能成为他们的领导者。类似地，如果他们感觉到能够获得他们所期望获得的事物，那么我就可以实现我的目标。

那些在"执行命令，马上执行"这种类型的组织中工作过的商业人士会觉得难以理解这种思维方式。当他们进入学术机构的时候，他们尝试使用他们在商业环境中所使用的方式，但是并不会产生效果。这是因为他们没能理解他们的领导方式必须和组织运营的环境相匹配。

当我进入沃顿的时候，汤姆·埃利希是宾夕法尼亚大学的教务长，后来成为了印第安纳大学的校长，他对学术机构的有效领导方式有着深刻的理解和认识。正如他所解释的，在学术机构，对于领导者来说，知道要改变什么以及什么东西暂时不要碰是很重要的。"有时候你仅仅只是想加强组织文化，而不是改变它，"他说，"比如说，在大学里，没有人打算改变整体的文化。它是一种文化，同时也是一种争议——人们不断地挑战各种观点。那就是知识得以创造的方式，以及不真实的或者缺乏论据支持的观点被暴露和批判的方式。你不能期望改变这种文化。"

当埃利希从宾夕法尼亚大学离开进入印第安纳大学的时候，他认识到不得不进行一些变革。"最大的障碍就是惯性，"他说，"第二就是很多人可能会认为我希望引进的变革可能会极大地影响他们的活动。每个人都会这样想，'因为这种变革，我的生活和工作将会变得多糟？'人们害怕这将产生一些缺乏市场公平的容易受攻击的活动，而从我的角度看来，这恰恰相反。我认为组织应该支持一些没有市场公平性的活动，但是，要明确正当理由是什么。一些人为此感到担忧。随着变革的执行，当预算变得紧张的时候，人们就很容易责备新体系。当我在宾夕法尼亚大学的时候，新体系总是受到责备，但是我们依旧为此努力。最终的结果是积极影响远远大于消极影响。"

8.8　在其他组织环境中领导

对于成功的学术领导者来说，幸福的是无论他们身处何种组织环境，他们在学术机构的经历都能有效地为他们提供支持。如果你

被委派接受外界使命和担任委员——甚至是董事会委员，同样会用
到这种和教师及行政管理人员合作的大学式领导方式。你可能和其
他领导者一起合作，而他们都会期望自己的言行能在决策中发挥作
用。你已经经历过这种情况，并且在制定决策的过程中，在不激怒
你的同僚的前提下，你应该能够和他们分享你的观点。

〰 *8.9* 　聆听教师的心声

　　我最后要感谢的是三位沃顿的教师，他们清楚明白地展示了学
术界的领导方式。市场营销系的杰瑞·温德经常和我一起紧密工
作，并且他在我来沃顿出任院长之前负责为院长进行调研工作。他
说："卡罗先生是一位非常具有企业家特质的院长，他授予了教师
们充分的权力，在他任期期间，很多中心得到了很大发展；但是这
个时候他已经准备辞职了，学校需要一个实力强大的院长来整合各
种资源和行动。我们需要一位领导，除了具备企业家的特质之外，
还要具有两个特征：首先，具备和那些认为自己是第一的教师打交
道的能力；其次，能够认同学术界的价值观。拉塞尔·帕尔默就具
备这些特征，并且没有幕后的动机。最重要的是，他不是一个'保
守型'的院长——他的动力和目标是要使沃顿成为一流的商学院。
我们需要一位领导者，帕尔默就是我们需要的类型。"

　　"帕尔默在学校获得成功的原因是他认识到卓越计划需要得到
各种组织成员的认同。他还相信 KISS 原则①正如在卓越计划中贯
彻的那样。在我看来，这个计划有五个简单的要素：

1. 招聘最优秀的教师。
2. 留住并发展最优秀的教师。
3. 招聘最优秀的学生。
4. 获得财务资源来为上述事项买单。

---

① "keep it simple，stupid"，意为"保持简单，傻瓜"。——译者注

5. 开发重要的新课程，包括高级经理培训课程。

"他明白学术机构和商业机构是不同的，"温德继续说道，"在一家公司，CEO 的话就是圣旨。CEO 比院长更有权力。在学术界，教师有任职期限，院长也是到期更换的。这就导致了在学术界通常更加有时间压力。很多事情总是独立发生和延续，这就使得领导变得非常困难，因为院长的权力并不比教师，特别是那些明星教师大多少，因为他们似乎是首席教师。这些人，只要他们打一圈电话求职，就能很快得到 10 个邀请。另外，很多教师并不在意也并不希望参与过多的事情。他们只是简单地期望能够有自己的时间来深入进行研究。这群人需要被施加压力，而另外一群人——通常包括明星教师——倾向于阻碍事情的进展。最后，还有一群大约由 10％～20％的教师组成的群体，他们关注问题的产生并希望事务朝着某种方向前进。帕尔默的成就在于使第四种类型的群体充分活跃起来，并且扩大他们的基数。

"任何院长都需要认识到一个关键问题：尽管院长可以发起一些事情（比如计划实施高级经理培训课程），但是学术界的其他大部分创新并不是来源于院长，而是来自第四种类型的教师。院长的挑战是授予这群人权力，并使得他们的活动与自己的观点和目标相一致。"

在我加入沃顿的时候，大卫·鲁宾斯坦同样是一位市场营销学教授，他说："起初我并不支持拉塞尔·帕尔默被任命为院长。他只是一名会计师，并且是非学术界人士，我担心他不理解商学院的实质。我的评估判读出现了很大的错误。

"帕尔默给沃顿提供了方向——他聆听了人们的意见，并且采取了鼓励人们加入变革过程的方式。在他刚来的一次教师大会上，他给我们做了电子化的展示，提供了午餐，并且进行了点名。他展示了学校今后的计划。这是一次巨大的文化变革。在此之前，没有人对学校的发展做过规划。"

"帕尔默喜欢'卓越'这个词，"鲁宾斯坦说，"他经常重复这个词——有时候在他的某次演讲中，这个词出现的频率能够达到 30

次。但是他并没有就此打住，他为卓越这个词进行定义，并解释学校如果要变得卓越，需要具备什么条件，在前进的过程中应该遵照什么规则，他还引进外部审计师来评价我们对规则的遵照度。这就使得每个人对学校的使命都非常清楚。它为学校注入了能量和凝聚力——它使人们围绕在其周围。

"帕尔默面临着巨大的障碍。这包括一群毫无生气和活力，以及毫无组织的教师；还有一些教师认为他们自己才是负责人。帕尔默是非常受人喜爱的，但是他在需要站出来的时候却一点也不惧怕正面面对'强势的教师'。他非常正直，并且知道在每个问题上自己应该站在什么立场上。

"帕尔默知道自己需要什么以及如何得到它们。他希望我能担任副院长一职。我拒绝了他，因为我正计划休假。他问我，'什么才能吸引你对副院长的职位产生兴趣？'那些都是他惯用和喜爱的语句……'什么才能吸引？'以及'我们来实现它'。他经常使用这种方式来招聘有潜质的教师，并将他们吸引到沃顿。

第三位教师是迈克尔·尤西姆，管理学教授，他在我离开之后才进入沃顿，现在是领导和变革管理中心（Center for Leadership and Change Management）的负责人。"当我在 1991 年加入沃顿的时候，拉塞尔·帕尔默已经离开了——但是在他离开学校之后的很长时间里，他的管理足迹依旧清晰可见。"尤西姆说："学校有动力、有乐观精神，并且正积极发展——那就是帕尔默所做的。这些就像考古物品一样影响着沃顿。

"在加入沃顿之后，我并没有听到任何有关帕尔默的批评。这就类似于人们对乔治·马歇尔（George C. Marshall）的看法一样；他是一位真正的绅士，所以没有人会当面或在背后批评他。这是领导的一个重要方面。

"在学术界进行领导是特别困难的，因为绩效标准是模糊不定的，"尤西姆说，"另外，院长进行变革的能力通常是不存在的，因为教师有任职期限。这就限制了院长控制大部分重要资源——人力资源的能力。教师喜欢成为独立的企业家，喜欢自己把握方向，并且关注他们自己的项目。这就使得学术界的领导者很难获得成功。

"学术界的成功取决于什么？第一，需要坚实的学术资格，这是帕尔默所没有的。就像领导一家医院，你需要具备医学博士的头衔，并且在学术界被认为是领头羊，还需要一个博士学位，尽管这种资格通常仅仅是一张纸。第二，需要具有敏锐地识别并欣赏价值驱动者的能力。第三，必须具备快速学习的能力，你必须能够迅速了解新生事物。

"我的感觉是帕尔默可能没有足够的学术资格，"尤西姆继续说道，"但是他克服了前进道路上的障碍，你依旧可以亲身感受到他的作风。他通过对成果支付巨额奖金的方式来实现目标，这就是他获得根本优势的原因。他使沃顿关注于究竟是什么驱动学术地位和业绩。

"帕尔默在第一次教师大会上的表现——他通过关注薪酬体系的信息来吸引教师们的注意——提供了四点领导力方面的经验。第一，领导者要经常了解听众的想法。帕尔默不仅仅是做了一场演讲——他也读懂了他的听众的想法。伟大的行动者总是具备这种能力。第二，他没有按照自己原先准备的讲稿进行演讲。在引起恐慌的风险之下，他改变了自己要传达的信息。第三，必须树立威信。同时，灵活性是很关键的。通往成功的大道并不会像《周六夜现场》（*Saturday Night Live*）那样随时为你准备好。最后，当你更换想法的时候，必须要跟进改变后的落实情况。如果你做不到，那么结果会比你什么都不说更加糟糕。帕尔默确实跟进了自己的想法，我们至今仍可看到这些结果。"

小　结

■　在学术界进行领导，你需要从认识到大学式的文化和公司文化是大相径庭的这一点开始。商学院的院长不能设想自己的话就是圣旨。教师有任职期限，同样地，院长也有任职期限。结果就是，决策通常是经过大家一致同意作出的，并且需要一段相当长的时间才能作出。未能认识到这种现实情况已经使不少商业领导者在尝试转变成为学术界领导者的过程中人仰马翻。

■ 变革要适应之前所描述的学术界的文化，尝试一次就引发变革通常都会以失败告终。你必须要等到有一块砖出现松动的时候再去推倒它。

■ 和其他组织环境一样，如果你期望在学术界成功地成为一名领导者，你必须理解组织中各色人等的需求——明确的和非明确的需求。这就意味着首先要理解教师们的需求，同时要理解其他人，如学生、毕业校友、企业捐赠者、招聘人员等的需求。你必须尽可能地在理解这些人的需求的基础上清楚地制定并形成一个集体性的观点。

■ 在观点形成之后，计划就要围绕它展开。你必须充满精力并热诚地追求目标的实现，而不要因学术界的官僚主义受挫折或者放弃。正直在获得不同成员的支持的过程中是非常关键的。

■ 尽管合作和透明化是很重要的，但这并不意味着你要盲目地接受每个教师的所有幻想或不现实的想法。如有不符合总体使命的学术计划，你要勇于挑战和面对那些目标可疑的计划。取消这些计划可以释放有价值的资源，而这些资源可以得到更好的利用。

■ 当目标实现的时候，你应该给那些为实现目标作出贡献的人以回报。

第 9 章 民族文化和环境：
在全球经营环境中领导
Chapter Nine

如今，企业在一个业务日益相互关联的全球体系中进行经营。很多企业通过在国际上收购和出售自己的产品和服务来扩张自己的业务；越来越多的企业在多个国家——有时超过 100 个——全面展开业务。在其他环境下，为了成功经营，领导者将不得不理解他们进行经营的组织所在国家的本土文化。在本章中，我将会讨论领导者的执行能力是如何受到组织经营所在地区的文化和社会环境的深刻影响的，以及追随者们对他们的领导者的期望以及使领导者有效地在不同社会环境和文化中进行经营的特征是什么。领导者不可能采取一种放之四海而皆准的方式来应对社会环境和文化。我们的世界太多元化了。

我将会讲述我在一个不同于我们自己国家文化的经营环境中工作的经历。这就提出了这样一个问题：是否存在适用于所有文化的全球性领导原则？然后，我将讨论那些我认为具有普遍性的原则。接下来，我将结合自己的经历和现实中其他人的经历及研究成果，讲述一系列在当今"扁平化的世界"中你可能遇到的各种主要民族文化。如果你尚未理解民族文化差异，我会引用霍尼韦尔的例子——这家公司在帮助管理层计划跨国界环境经营的过程中做了大量工作，然后我会总结出其潜在的不足。

9.1 环境：不同的民族文化

我会通过一段亲身经历开始讲述，告诉你们一种在不同民族文化环境中工作的潜在危险和最终成功的切身体会。当我在 Touche Ross 担任 CEO 的时候，我们看到了一个能使我们的业务在石油丰富的中东地区进行扩张的机会。当时在阿拉伯联盟国家的主要会计师事务所是 Saba & Co。这一公司是 Fuad S. Saba 1926 年创建的，但是到 20 世纪 70 年代的时候，这家事务所就由他的儿子苏哈（Suhail）进行管理。自从 1948 年将总部设在贝鲁特之后，Saba 事务所的分支机构已经遍布整个中东地区。在很早的时候，Saba 曾经和安达信进行过联盟经营，但是不知出于什么原因，在 70 年代末期，这两家公司的合作关系终止了。我们曾听说过亚瑟·安达信希望所有的事情都按照"美国方式"进行。当有消息传出 Saba 将和安达信分道扬镳之后，八大会计师事务所的另外几家公司都希望和 Saba 签署合作协议。

Touche Ross 当时是八大事务所当中规模最小的，并且由于我们没有石油国家的客户，我们在美国相关的事务上可能和 Saba 没有什么往来。但是，Touche Ross International 希望在中东地区建立自己的形象，因此，我就打电话联系苏哈并告诉他我希望和他会面。他问我希望在哪里见面，我说我可以到贝鲁特去。"难道你不想我们在塞浦路斯或者是其他地方见面吗?"他问我。我回答说，因为他们的办公地点在贝鲁特，因此我们将会去那里见面。

我和另外三位同事打算去贝鲁特和苏哈会面。我们做的第一件事情就是了解为了确保我们每个人的生命安全，每人就这三天投保 100 万美元需要支付多少费用，伦敦的劳埃德（Lloyd）返回给我们的报价是 80 000 美元。这个报价如此昂贵，是因为那是 1978 年，当时黎巴嫩正爆发战争。最终，我们以一个较低的价格购买了保险，然后我们就飞到贝鲁特去了。飞机降落到机场之后，当我们走下楼梯时，我们看到一辆带有装甲设备的豪华轿车和一位佩带枪械的警卫正等候我们，准备接我们到会所。当我们抵达宾馆的时候，我们被告知一定要将房间的窗帘拉上。我们在那儿的时候确实有人站在阳台时被枪杀，但是，我们所在的大厦并没有发生过这样的事情，枪杀事件发生在距离我们入住的宾馆几栋建筑物之外的大厦里。我们当晚就到其他宾馆去吃晚餐。那是挺立在那条街道的唯一一栋建筑。其他所有的建筑都布满了子弹，并且遭到炮弹的摧毁。

第二天我们和苏哈及其高级合伙人会面了。他们决定，在此之后不久加入 Touche Ross International，主要原因在于我们去了贝鲁特。其他事务所没有一家去那里和他们会面——它们都希望在塞浦路斯或者是伦敦等不那么危险的地方见面。我们乐意到他们每天工作的地方去和他们洽谈，是他们加入我们的主要原因。我们的做法能深入接触他们。"你们是我们愿意打交道的人，"他们说。

这就是为什么我们能够吸引 Saba 加入 Touche Ross 的怀抱的唯一原因；我们开出的条件并没有普华永道所开出的条件好。这就展示了在大部分文化中人际关系是多么的重要。我们也给他们提供了充分的自治机会，并且没有从文化角度去轻视他们处理业务的方式，这就帮助我们进一步加强了彼此之间的合作关系。他们是一家具有高度诚信和纪律性的公司。我从来没有听说过他们向员工报复或者是其他类似的事情，但是，中东地区的商业标准确实是很不同的。

这次的经历说明了在不同的文化环境中调整方式去和人们打交道以适应相应环境的重要性。这并不意味着我们做的事情是适用于所有文化环境的。例如，一种平等、达成一致意见的方式在某种文化环境当中可能会被看成一种积极的领导方式，但在其他环境下，这可能会被认为是"管理"无能、不知道发展方向的表现，因此会被追随者们解释成为失败的标志。这导致我致力于解决是否存在普遍适用的领导原则的问题。

事实的真相是，我在第 1 章"领导原则：成功领导的基本原则"当中所提到的大部分领导原则都是通用的，但是在不同的环境当中，它们的实践方式有所不同。设想一下，比方说，个人的正直是领导的基本要素，我认为正直和领导在世界上所有的地方都是如影相随的；我不能想象世界上会有其他地方能长期以来接受一个没有正义感的人来担任领导的职位。伊迪·阿敏（Idi Amin）、阿道夫·希特勒、贝尼托·墨索里尼、萨达姆·侯赛因——所有这些人都发挥了领导的作用，但是最终都没有好下场。你的领导方式可能会和领导原则相背离，但是，这些原则会及时地对你作出惩罚。领导的基本原则是具有普遍性的。

也许有人会以瑞士为例，认为尽管我说过开放和透明是领导原则的重要因素，但是，看看这个国家的人是多么喜欢保密。我曾和瑞士的银行家打过交道，你可以花大量的时间去和他们商谈，最后你会对他们真正告诉你的内容感到惊讶，但是最后，人们不得不信任他们的银行家。如果你不信任他们，他们就不会和你做生意。

这就是为什么我相信领导的基本原则是具有普遍性的，尽管正如我之前所说的，它们在不同环境中的实践方式有所不同。以日本人为例，有些人认为日本人是难以理解的或者是神秘的。在我和他们的接触过程中，我知道，当你和他们建立起了良好的人际关系之后，你是可以相信他们是言出必行的。我发现，在我和日本管理者打交道的过程中，当他们本人表示同意做某件事情的时候，他是可以信任的，肯定会做到自己的承诺。

优秀的判断力是优秀领导的另一个特征——这也是普遍正确的。其他的普遍性原则是通过设定高期望值在追随者们当中树立自信，然后确保这些追随者们培养实现那些期望的能力，以及理解追随者们的需求和目标，并帮助他们实现那些目标。领导者的表现各有差异，这也是普遍正确的。优秀的领导者会带来优秀的表现，而差劲的领导者不可能做出优秀的成绩。

作为这些基本的领导原则的对立面，领导类型必须根据文化环境的不同而不同。例如在日本社会，对老人是相当尊敬的。年轻人可能在进步，他们非常聪明和有天赋，而且在日本社会中通常被认为是未来的潜在领导者，但现在则不是。美国的情况就有所不同。大部分美国人认为硅谷的年轻人或者像比尔·盖茨这样的年轻管理者就具备改变世界的领导能力。

虽然如此，美国人并不应该期望能够规定我们在其他地方的经营习惯，就像我们期望强加给伊拉克、伊朗或者是阿富汗等国家的民主政治方式一样。这些惯例和文化经过几千年的发展，已经变得根深蒂固。我们如何能够相信我们能够——甚至应该——在一夜之间将它们全部改变呢？在部分商业领域，在感觉我们是在为其他人提供可供参考的光鲜例子之前，我们应当首先在市政厅或者国会会议上改掉一些习惯。

让我们以一种更加宽泛的视野来看待民族差异。我说过领导和商业经营其实和我们每天从报纸上读到的外交事务是有很大差别的。举个例子说，美国几乎可以经常依靠英国，为什么？在某种程度上是因为文化，但同时因为支持美国通常能够给英国带来利益。同样的道理，美国也经常会知道法国会说美国人做的是错误的。又一次地，在某种程度上也还是因为文化差异——大量的舆论会反对美国，因为很多法国人认为美国人是粗野的牛仔，不懂得世界运转的道理。当我们从政治领域转到商业领域，这当中会存在什么差异？个人私利和个人关系。当支持美国的做法对其他国家的利益有好处的时候，它们就会这样做；当这种做法对它们的利益没有好处的时候，它们就不会支持美国了。同样地，在商业领域，这个道理也是适用的。

当我还是 Touche Ross 的 CEO 的时候，我就多次感受到了有关利己主义和人际关系的重要性。这两个因素帮助我有效地维持了我们美国公司与其他国家的合伙企业的商业关系。我们可以通过为海外企业提供它们所不能获得的业务来使它们受益，它们也可以给我们提供我们自己不能获得的机会。同时，我们还可以提供新产品和教育机会，我们也能够和国际范围内的企业建立稳固的私人关系从而产生相互间的信任。

虽然如此，但是如果你仔细考虑的话，你会发现这是一个脆弱的组织，因为这些关系是会发生变化的。我们的竞争对手可能会走到我们的国际合作伙伴身边，并且对他们说："你们在美国得到 X

这么多的业务，我们可以给你们提供双倍的业务量。"或者他们会和我们合伙企业的领导者闲聊，然后邀请他们出去吃饭，并给他们提供国际委员会或董事会的职位，之后就做一些通常会损害我们私人关系的事情。这确实发生过，我们也确实因此而失去了一些合伙企业。但是我们失去的仅仅是一小部分，我们保住了大部分的合伙企业。

需要记住的要点是，文化差异的影响是很深的。你不得不接受这些文化差异，同时还要承认它们。你必须款待人们，这样他们才知道你并不是在所有方面都认为自己比他们优越。如果有必要，你还要让他们觉得在各个方面似乎都比你优秀。你不得不使他们认为他们的国家是伟大的——因为这确实如此——并且他们公司所组织的会议是最引人注目的。你不得不指出他们有多重要，表达对他们的尊重，在公司的晚宴上陪他们的夫人跳舞，以及做其他为了维持双方关系而不得不做的事情。如果他们认为你个人的诚信水平不够，你就有麻烦了。

在我展示我对领导力方面进行的经验调研结果之前，我们在Touche Ross 建立了一套检测特定民族文化的体系，并且我打算多讲几个我在这家企业的例子来强调你可能会遇到的文化多样性。Touche Ross 在菲律宾有一家附属企业，我曾经被警告过，这家企业曾经以其国内客户的名义贿赂税务监管机构。这是不合法的，所以我表示我们应该寻找其他附属企业。但是问题产生了。当我们询问周围的人的时候，我们被告知，在菲律宾大部分的中立会计师事务所当中，这种做法是很普遍的。唯一的例外是由薛华成（Wash SyCip）领导的 SGV 集团，但是该集团已经为八大事务所中的几家公司提供服务了。最后，我们以开设我们自己的公司来结束这件事情。但是，这次经历帮助我们理解了在世界上的不同地区是如何开展业务的。当我们在当地拥有自己的公司之后，我们就能够在所在国为我们的美国客户或者是德国客户提供服务，但很明显的是，我们并没有能够从那些期望我们按照当地习俗开展业务的当地客户中获得大量业务。即使你是在一个商业惯例值得质疑的环境中经营，在你自己和你的伙伴当中保持正直诚信也是有必要的。从根本上说，如果你诚实经营，他们会认为你是值得信赖的。

在其他地区，个人关系是非常重要的，并且我们对于如何将它们应用到特定的文化环境当中也很敏锐。在日本，我们和 Tohmatsu Awoki & Co. 之间有良好的合作关系，尽管起初它不是 Touche Ross International 的一部分，但是，它依旧是一家大家都愿意与之做生意的日本会计师事务所。我们曾多次和这家事务所的领导人谈论过加盟我们公司，但他们仍旧独立经营。我和他们的管理合伙人富田岩芳（Iwao Tomita）保持了非常友好的私人关系。1975 年，我们邀请他到威廉斯堡参加我们的大型国际会议。在这个会议上聚集了来自 80 多个国家的 Touche Ross 公司的领导者，而且大部分人都是携配偶出席的。我们的会议举办得很成功，之后就是晚宴了。在晚宴上，我和富田聊天，并问他我们是否可以单独聊聊。我们到旁边的会议室去了，我问他："你知道如果我们这么做的话，将会是绝对引人注目的事情吗？"他问我有什么主意，我说："如果我们宣布 Tohmatsu Awoki 加盟 Touche Ross International，这将会是一件盛事。我们可以马上出去，告诉在场所有的人，这将带来巨大的惊喜，而你也将会成为一名英雄。"

我们探讨了一些问题，然后他说："没问题。"就这样，我们回到晚宴现场宣布这个合作消息。我们暂停乐队的演奏，走上讲台，说："我们想告诉大家一个令人震惊的消息，我们知道，当你们听到这个消息的时候，你们将会和我们一样惊讶。今晚，Tohmatsu Awoki 加盟 Touche Ross 了。"正如我们所预计的，接踵而来的是欢呼雀跃。最后，Touche Ross International 的名称就更改为今天大家所熟悉的——德勤全球（Deloitte Touche Tohmatsu）。Tohmatsu Awoki 现在是日本最大的会计师事务所。如果没有以下三件事情，这次合并是不可能发生的：长期培养和富田岩芳之间的私人关系使他相信我们的正直和诚信，财务上的双赢效果以及在恰当的时间进行交易。

可以肯定的是，我们的合伙公司加入我们也是从私利的角度出发的。但是，即使我们没有提供最佳的合作条件，它们最终也会从联盟当中得到它们所希望得到的。最重要的原因在于它们非常看重我们和它们之间的关系，并且它们相信我们的正直和诚信。这就是发挥作用的原因。

在全球范围内建设 Touche Ross International 的其他经历当中，如果说我有需要强调的事项，那就是在我们的竞争对手主要以美国人来补给它们海外机构的人员的时候，我们采取了相反的做法。我们国际性公司的根基是当地的领导者，不是我们派驻到海外机构的美国同事。我们采取这种做法的理由是我们不得不这么做；我们确实没有其他选择，因为我们是最年轻的会计师事务所，也是最晚加入全球竞争环境中的。我们不想改变它们的商业文化，也不想将我们的观点强加给它们；我们希望本土领导者站出来积极地和我们共同建设我们的全球性企业，使公司成为真正意义上的国际型公司，而不是美国公司。我们可以通过培训、开拓客户等方式来帮助它们，但是，在经营的各个方面，我们相信它们和我们一样优秀。我们在中东地区对 Saba 公司以及在世界其他地区的公司所采取的方式反映了这种国际性政策。这就是当时将 Touche Ross International 和其他公司区别开来的方式，并且这也成为了我们最大的全球策略优势。

以这些现实的例子作为背景，现在我将转向讨论学术界这个人们可以从中学习领导力的国际性舞台。

🌀 9.2 文化和领导类型：GLOBE 项目

1993 年的时候，沃顿的管理学教授罗伯特·豪斯（Robert House）"发起了全球领导和组织行为有效性研究来检验不同文化环境下领导力的假定条件"，就像 *Knowledge@Wharton* 这个沃顿商学院所发行的在线调研商业分析期刊所报道的。[1]正如文章所写，随着时间的逝去，"GLOBE 已经发展成为一个多阶段、多种方式组成的调研项目，170 多位调研者从世界上所有主要地区的 60 多种民族文化中检测了社会文化、组织文化和惯例以及组织领导之间的相互关系。GLOBE 询问中层管理者，在成为卓越领导者的过程中，特定的领导特征和行为是否会帮助或妨碍他们的发展。通过询问这个问题，GLOBE 关注已识别的领导特征的有效性、普遍性和文化差异性。"这种方法可以确保领导类型的差异性在多元化的民族文化中得到系统和可信赖的理解。

有趣的是，正如我在之前所讨论的，豪斯及其同事发现"这当中存在普遍认可的领导特征。另外，"文章继续写道，"研究同时还表明，这当中也存在普遍被认为会妨碍成为卓越领导者的特征。虽然如此，研究最重要的发现是，存在一些文化上的可能性特征，帮助或妨碍领导力的效用。在某种文化环境中被看成优势的事物，在其他文化环境中可能会成为一种相当大的障碍。"

豪斯及其同事解释道，为了"分析文化是如何发挥作用的，我们可以简单地设想这样一种情形，即一位在美国商学院进行培训的英国管理者被要求去经营一家设立在阿根廷的日本制造企业。这位领导者应该培养哪方面的领导特征？日本，阿根廷，美国，还是英国的？这位领导者必须要理解他工作所在地的文化，以及他的雇员是如何看待领导力的。管理者需要培养领导特征，并适应工作地区的独特文化环境。"

这篇文章说明了 GLOBE 项目展示了"不同文化群体对超凡魅力/变革中的领导者的最重要特征的不同看法。在某些文化当中，为了被认为是一位领导者，其可能需要采取强势的决定性行为；而在其他一些文化环境当中，为了有效地发挥领导作用，咨询和平等方式可能是值得推荐的。"在研究管理惯例的过程中，研究人员发现"很多和感染力相关的特征被认为对卓越领导是有很大贡献的，但是'感染力'这个词在一些国家当中具有正反两种不同的感情色彩。在一些文化环境当中，由于过度关注感染力的领导者所创造的成就，人们可能不能把握平衡点和某些视角。当然，关于超凡魅力的领导者中最臭名昭著的一个例子就是希特勒。"

研究人员还发现，似乎所有像愿景和承担风险这样普遍性的领导特征都隐含着巨大的文化包袱。"领导者要有愿景，但是，不同文化环境中的不同愿景该如何区分？"文章写道，"在中国，儒家学派的价值影响使得人们对那些只说不做的领导者保持警惕。另一方面，印度的管理者对愿景的关注程度就没有那么高，他们比较倾向大胆判断的领导类型。领导者通常都会被认为是风险承担者，但是GLOBE发现，承担风险并未普遍被认为会对卓越领导作出贡献。"

沟通和交流技巧对于领导者来说也是极其重要的。但是，"在不同文化环境中，良好沟通机制的要点可能不尽相同，"文章指出，"美国管理者更喜欢以面对面这种直接的方式对下属提供指导方向，而日本管理者则更喜欢采用书面的形式。在美国，下属员工通常会直接从他们的管理人员那里直接获得反馈，而在日本，这种反馈通常会在同一类型的下属之间进行传阅。这种差异反映了美国'诚实'的个人主义标准，以及日本'留面子'的集体主义标准。"

现在，我会讲述霍尼韦尔的例子，我认为这一家公司在招聘和培养管理者在不同的民族文化环境中进行有效管理方面做得很出色。大卫·科特，公司的主席兼CEO，在这方面为我们提供了显著的指导原则和实践建议。

9.3 打造全球领导者：霍尼韦尔方式

在之前的章节已经提及，霍尼韦尔是一家收入达到310亿美元的制造企业，经营范围覆盖全球。它在亚太地区的经营时间超过了70年，例如，它在20世纪30年代开始就被许可在日本制造产品。这家公司在亚洲的总部设立在新加坡，统一管理公司在澳大利亚和亚洲的印度、中国、韩国以及其他地区的海外经营。霍尼韦尔在亚太地区的员工已经超过了 13 000 人，另外，公司在欧洲、中东和非洲地区也有强大的制造基地。这些经营都受到位于布鲁塞尔（比利时首都）地区的总部的管理，并且该公司在欧洲、非洲或者中东地区的 49 个国家的雇员达到了 25 000 人。此外，霍尼韦尔还在包括阿根廷、巴西、智利、哥伦比亚和厄瓜多尔等国在内的 10 个拉丁美洲国家设有子公司。公司在拉美地区的雇员数量超过了 7 000 人。

考虑其全球发展的足迹，霍尼韦尔是如何培养管理者，使之成为世界各地的成功领导者的？公司采用了一个叫"12 种行为"的计划，按照公司现任主席、主要领导者大卫·科特的说法，"我们在 5 年之前就创造了这种说法，展示了我们对所有霍尼韦尔员工，特别是霍尼韦尔领导者的期望，"他说，"在年度评估过程中，每个人都会就这 12 种行为方面得到评价和衡量。"科特解释这 12 种行为的计划的重要性在于，当霍尼韦尔在世界各地招聘人员的时候，公司会招聘那些最能满足这 12 种行为的人员。"换句话说，我们起初并不会正式录用他们，之后我们会以这些行为来培训他们；我们会根据他们按照这些行为进行工作的能力来考虑正式录用他们，"他说道。

例如，其中一项是团队工作。"这是一个常见的词。毕竟，谁会不支持团队合作呢？"科特问道。"但这并不是经常能够得到理解的，因为团队合作有时候会意味着每个人都必须达成一致。"虽然如此，霍尼韦尔还是从特定的角度对团队合作进行了定义：公司制定了对团队成员的要求，并且详细说明了他们和团队领导者之间的职责差异。

在讨论某个问题的时候，团队成员有义务发言，表达自己的观点，并且确保他们的观点得到得到其他成员的理解。"当你的观点被其他成员理解之后，如果最终的决策和你的观点不符，将由你自行决定是否支持该决定，"科特说道。"你的观点已经明确，但是一旦决策被制定，你就不得不支持该决策。"相反，团队领导者被要求在讨论问题的过程中确保每位成员都发表意见。"你不能只是期望大家自愿发言，"科特说道。"这不仅仅是一个文化的问题，它同时也是个人的问题。性格外向的人倾向于大声说出自己的观点，而性格内向的人不会这么做，除非在他们完全不发表意见的时候被特定要求。"科特解释说，团队领导者同时还有制定决策的义务。他不能只是坐在那里等候大家达成一致意见。"领导者有义务了解事实和每个人的观点，然后作出决策。某些情况下，领导者可以要求获得进一步的信息，但是他们必须能够作出一个及时的决定。"

这是一个文化或社会环境可能导致不同行为的典型例子。尽管在像美国这样的国家里，人们可能会愿意开放地表达自己的观点，但是在很多亚洲地区的文化环境中，团队中的不同意见可能会被认为是对领导者的不尊敬甚至被认为不听话。霍尼韦尔是如何培养它的领导者在这种环境中进行领导的呢？

科特的答案，就是聘用那些满足 12 种行为的人员的重要性了。科特说道："如果我被告知印度或者中国的雇员在团队会议中不会大声说出自己的反对意见，我的反应就是，在所有国家里，没有人是一成不变的，他们不都是那样的。你只需要在印度的 10 亿多人口中找出 2 000 或 3 000 名偏向于公开表达反对意见的人员就可以了。"科特补充说，在某些时候，"更多的问题是由于文化差异引起的，而不是实际存在的问题。我坚定地认为所有人都希望获得基本的尊重，得到礼貌的对待，同时也希望他们及其国家的价值得到认可。这并不难。"

当然，科特认识到，在某些文化环境中，独裁主义的领导者得到的是尊敬而不是愤恨："如果你尝试在韩国招聘人员，你就应该倾向于招聘专制的领导者，以及期望被专制领导者领导的雇员。虽然如此，我们也要认识到，当你在安排一些更加倾向团队合作的领导者，而不是颁布规定期望事情如何运作的时候，大部分人似乎还是更加自觉的。这就是为什么说把陈词滥调套用在一个国家身上是不正确的。所有人都不喜欢这种方式。"同样，这在美国也是正确的，科特补充说道。"我们可能会说人们倾向于大声公开发表意见，但事实上性格外向的人倾向于大声公开发表意见。在美国还有很多性格内向的人，除非你直接询问他们的意见，否则你可能不会知道他们的观点。"

作为一个在70多个国家进行经营的公司领导者，科特经常在世界各地举行100～2 000人的市政会议。在美国之外的地区，他至少举行过40次会议，并且，几乎在每个到过的国家，他都会被告知不要因为在演讲结束的时候没有人提问而感到惊讶。根据当地专家的说法："我们的文化仅仅是不喜欢这样。"然而，科特说道："这不是人们提不提问的问题。问题在于，你们之前设立了一个什么样的环境，以及你们如何给人们提供一个提问的舒适环境。你会发现那些专家——那些沟通和交流专家——他们的观点是错误的。"

科特提供了那些陈词滥调所产生的另一个问题："在英国，我们不得不将一个工厂从一个地方搬迁到另一个地方，因此我们不得不给那些同意随工厂搬迁的员工提供一笔安家费。"有人提醒科特不要希望获得很高的支持率，因为"在英国，没人有愿意搬家。"科特询问当地的一位霍尼韦尔的管理者："你不这么做怎么知道会怎么样？为什么你们不先提供这笔安家费再看看？"当决定支付安家费之后，霍尼韦尔的英国管理者都为大量员工接受安家费而进行搬迁这个结果感到震惊。"他们说他们喜欢自己的职业，并且愿意为这份工作搬家。人们太过于执著那些陈词滥调了。"

🔄 9.4　微笑：最好的药物

科特同时认为，领导者的幽默感能够帮助弥补文化之间的差异。"无论你面临的文化是什么，人们都会有一种幽默感。如果你能找到一些获得这些幽默感的方式，你就能够取得实质性的进展。这是个有关人文管理的普遍真理。"

有一次，科特参与了一场和之前没有接触过的日本人的谈判。开始的时候，他以食物在文化差异之间的表现来开玩笑制造气氛。

"我谈论了和传统的日本盒饭相比，我是如何偏爱吉士汉堡的，然后，我开始揶揄他们：'为什么我们不能有吉士汉堡盒饭？'在场的每个人，包括我们自己人，全都笑了，我们之间的关系就开始变得友善起来。然后，谈判开始了，最后我们艰难地结束了谈判。我们双方都知道这是一个棘手的问题，最终日本管理者妥协了。随后，我说：'我们在此之前就说过，我们之间存在文化差异——所以，这是日本方面的妥协还是我们美国方面的妥协呢？我对此把握不定。'再一次地，每个人都微笑直至大笑起来，然后我们就继续更进一步地讨论这个问题，直到问题最终得到解决。关键在于双方之间存在文化差异，你不得不认识到这些差异；但是，只要你对人们持基本的尊重——你可以使用幽默的方式——你就可以安然应对很多情景。"

即使科特认识到世界上文化和社会环境是千差万别的，他还是承认，无论在哪里，要成为成功的领导者，都需要遵守一些共性的原则。"你必须要正直，"他说，"无论你处于哪一种文化环境，人们需要能够信任你。如果你是一名领导者，你需要能够做到我们所说的综合性思考。你必须能够从人们告诉你的信息当中找到所有的差异性，然后尽力找到一种能够解决问题的答案或方案。你不得不从人们告诉你的信息当中选择要点，并对此有总体性的认识。这些也是一些关键的原则。"

9.5 成功的一种工具：二八法则

公司应该如何为领导者做准备，使某个区域的成功领导者能够有效地将领导原则应用到不同地区和文化环境当中？科特说，他发现从一个地方搬迁到另一个地方就"类似于在同一个国家从一个行业转行进入另一个行业一样。当你分析文化差异的时候，你会发现它们不仅存在于不同的国家之间，也存在于不同的企业当中，甚至存在于同一企业的不同业务领域当中。"

科特建议处理这种变化的方式就是他所称的"二八法则：你在新环境中所面临的80％的情况其实和你过去所面对的情况是完全一样的，你可以按照同样的方法去处理；只有20％的情况是和以前不同的。那些我所看到的失败的人是这样的——当他们变换公司、行业或者国家的时候——他们总会说因为他们过去是按照这种特定的方式来处理的，所以现在还会使用同样的方法，或者他们认为他们处于一个全新的环境，过去所熟悉的方式没有任何可以适用的地方。这两种都是失败的模式。那些成功的人在实践过程中会说，'我知道这是二八法则。我的诀窍是分析出什么属于这80％（我可以完全按照以前的方式来处理）以及什么属于那20％（我需要调整我的工作方式来使其适应新公司或国家的发展需要）。'"

这些来自霍尼韦尔主席的原则——以及实践建议——可以长期帮助所有组织的领导者更加有效地在不同国家和社会环境中进行管理。

⚡ 9.6　一些主要民族文化的特征

汤姆·普立史比（Tom Presby），我在 Touche Ross 的工作伙伴，投入了相当长的时间进行全球经营。以下就是一些他就特定民族文化观察得出的经验结果，当你在这些国家工作的时候，可以将它们作为自己预先获得的概要性指导。尽管这些听起来有点像文化方面的陈词滥调，但是，它们都是建立在个人经验的基础之上的。

1. 拉丁系的欧洲国家（法国、西班牙、意大利、法语比利时、法语瑞士）。

（1）通常，优雅是他们对待交易、业务安排和生活的一个重要方面。这看上去似乎是一个复杂的因素，当可能存在更加直截了当的解决方案的情况下时，这可能会导致交易的失败。

（2）为王牌方案感到骄傲和荣耀。如果这些目标意味着他们的骄傲和荣誉，领导者有时候会愿意超前实现经济上的目标。

（3）和那些外表沉着的许多文化不同，人们时常会表现出自己的生气情绪，但这通常只是一种状况，而不一定是关系的破裂。

（4）注重社会标准。这源于家庭或者是成功完成大学教育的课程安排。

（5）人们习惯忠诚于自己的朋友。

（6）最经济的税收安排（有时候是不合法的）通常会被采用。

2. 德国系欧洲国家（德国、奥地利、比利时佛兰芒语区）。

（1）人们对变革非常保守，特别钟爱按照"德国方式"做事，因为他们认为"德国方式"在任何方面都是最优的。

（2）他们的经营方式是建立在以职位和大学文凭为基础的官僚主义形式上的，这就使得协同合作难以执行。

（3）他们非常注重处理业务、经营关系、合约以及法规等的正当性。

（4）他们可能没有像外界所说的那么谨慎。

3. 斯堪的纳维亚（瑞典、挪威、丹麦、冰岛的泛称）/荷兰/卢森堡公国/比利时（在某些程度上）。

（1）人们采取一种注重时效的方法来处理业务。

（2）人们在工作关系和薪酬体系上认同的是平等主义，结果就是在企业里（甚至是大型企业里）存在相对扁平化的薪酬结构。

（3）一旦关系得以建立，人们就会获得信赖，他们是忠诚的。

（4）他们对逃税感到困惑。

4. 英国。

（1）他们是绝对的实用主义者。

（2）他们对于成为欧洲的一部分感到矛盾。事实上，他们可以将此作为自己的一种优势。当作为欧洲人对他们有利的时候，他们会突出他们的欧盟成员标志和陆地属性。当作为欧洲人对他们不利的时候，他们强调他们在历史上的分离以及他们拒绝加入欧洲货币体系。

（3）对于他们来说，他们是注重社会标准的。他们最关注家庭，其次是学校教育。

（4）尽管大部分企业盛行官僚主义，但他们还是认可团队合作。

（5）他们是可以信赖的朋友和生意伙伴。

5. 日本。

（1）"面子"很重要。绝对不要在公众场合或私底下告诉一个日本人他是错的或者犯了错误。

（2）信任是相互之间关系的关键。信任必须通过坚持和展现对日本团体的尊重来获得。

（3）一旦建立起信任关系，他们通常忠诚于相互之间的关系。

（4）他们是良好的合伙人，并且通常会遵守自己的承诺。

（5）他们通常不会对其他日本人或日本机构采取公开的消极行动。

6. 俄罗斯。

（1）贪污腐败是常见的。这并不是源于人们侵犯合理和诚实的个人决定，而只是正常业务的开展方式。

（2）大部分人相信生意只是一种零和博弈；也就是说，获得盈利就意味着从其他人那里拿走利润。发展为一家财务上成功的企业、增加经济来源、恰当地为职工支付薪酬以及为企业所有者提供利润回报，此等观念是非常难以被接受的。

（3）各个时代的群体之间存在相当大的差异。那些在20世纪90年代之前的政权体制下获得管理地位的人是不太可能接受市场资本主义观念的，而那些在90年代大学毕业的人就会顺应时代的潮流。很少人能够进行恰当的经营并在成功企业中发展。最新一代人在普京时代进入了成功企业发展时期，并且通常以普京管理模式来管理。

（4）这个国家拥有大量年轻、有魅力、受过良好教育的能说多国语言的俄罗斯人。如果他们是在俄罗斯接受教育的，那么外界在对他们的信息或责任方面的信任就要保持慎重。

（5）对公司或企业的忠诚度较低，无论是外国公司还是俄罗斯人自己的公司。

（6）在协议签署之前（有时候在签署之后），谈判永远不可能结束。传统的"握手协议"没有可信度。

（7）不要指望俄罗斯的法庭会作出公平的裁决，也不要指望从俄罗斯的律师那儿获得建议。交易应该适时根据组织进行调整。

（8）管理类型是官僚主义，而不是合作性。等级依旧从管理者管理的人数加以衡量——这是传统沿袭的惯例。

（9）东西方合资企业通常会以失败告终。对这种企业一定要有关于全面收购的规定。

（10）尽管有以上的原因，建立一个主要由俄罗斯人担任管理层和职员的成功企业还是有可能的。

讲述世界上所有你可能遇到的民族文化是不可能的。本章后面的注释为进一步阅读相关文化信息提供了指南，这将能够帮助你适应大量的特定民族文化。

在讲述未能重视不同民族文化的不足之前，我想就目前所讲总结一下我们的讨论。世界上不存在完全一致的民族文化。没错，不同文化环境中的很多人都共享着一些特定的特征，但是，当你和特定的群体共同工作的时候，你会发现这些不同的个体之间存在着显著的差异。无论他们生活在一个多么宽泛的文化环境中，一些人总是非常活跃且激进，而另一些人则较为被动和安静。你的任务就是调整你的领导方式，重视这些差异，并产生最佳的结果，使每个人都致力于你的战略目标。

接下来，将会讲述两个例子，看看如果领导者在管理过程中忽视这些民族文化，将会产生什么样的后果。

🔄 9.7 在不同民族文化环境中领导的潜在不足

在《移民领导者：为什么你需要理解不同国家的员工是如何看待世界的不同的》（*Transplanted Executive：Why You Need to Un-*

derstand How Workers in Other Countries See the World Differently[2]）这本书当中，克里斯托弗（P. Christopher Earley）和米里亚姆（Miriam）教授引用了总部设在以色列的印刷设备商 CTX 的例子，这个高科技企业的以色列管理者因不能有效地和他们海外附属机构的管理者进行沟通，而面临着巨大困难。这家公司在以色列制造设备，它的附属公司被期望在它们各自的国家提供维修服务。这些附属机构被要求每天提供有关各自国家的维修服务问题的报告，而它们经常做不到。失败后，以色列的总经理要求各个附属机构的管理者到以色列总部参加交流研讨会。总经理开始就各附属机构的管理者未能提供报告猛烈攻击他们，并说他将会给他们两分钟的时间来解释为什么不能提供报告。欧洲的管理者对这种方式既生气又愤怒，因此，正如以色列领导者所希望的，沟通交流的问题更加恶化，而不是得到改善。

原因是这个方案在某种意义上比处理隐含在这些交流方式下的文化差异的弊病更加糟糕。在以色列，由于国家被强制性的军事服务和其他因素所影响，很多管理者形成了一种强迫、命令的管理方式——以色列的职员们由于已经习惯了这种文化，不仅对这种做法没有生气，反而普遍将这看成实力和决断力的一种标志。相比之下，欧洲管理者认为以色列领导者的这种行为是具有强权性和冒犯性的——因此他们的回应就是拒绝提交报告。正如作者所注意到的，欧洲的"文化价值类似但不等同于以色列的文化价值"。

根据作者的说法，如果他们希望克服这种挑战，就需要使用一种综合性的方式来管理文化价值。

CTX 的例子不是唯一的。沃尔玛，这个跻身于《财富》500 强的设立于阿肯色州的零售业巨头，也是由于不能有效驾驭文化浪潮而未能实现其战略的一个代表性案例。经历了十年在德国建设成为一个强大的零售品牌的尝试后，沃尔玛在 2006 年夏天退出了德国市场。

《纽约时报》的一篇分析沃尔玛的失败原因的文章写道："沃尔玛的一些问题源于狂妄自大，即一家有独特权力的美国企业试图将自己的价值强加给全世界。特别地，沃尔玛在德国从 1998 年开始就损失了上亿美元，已经成为了一种不扩张进入一个国家的典型模板。"[3]

文章引用了沃尔玛的国际新闻发言人贝丝·凯克（Beth Keck）的观点，她说公司在德国的经历是"一个很好且很重要的经验和教训，是公司的一个转折点。"她说公司进入其他国家的方式还比较幼稚，"德国的例子就是我们的一个天真的体现。"《纽约时报》继续评论道，"沃尔玛还在试图采用更加敏感的方法来整合并购——包括决定是否巩固多个外国总部以及如何积极地将沃尔玛的企业文化施加给非美国雇员等。"例如，"在德国，沃尔玛不再要求销售人员对顾客微笑——一些男性顾客认为这是卖弄风骚的行为——并且取消了早晨由员工高唱沃尔玛之歌的惯例。"

像沃尔玛这样的商业巨头都由于未能理解一个主要的民族文化而摔跟头，我们就更应该警惕这种不足。

小 结

■ 正如领导的成功取决于你对组织环境的理解以及在这种环境中驾驭组织的能力一样，成功的领导还取决于正确理解民族文化和社会环境。如果你在任何环境中都使用同一种管理模式，那么你是不可能成功的。

■ 领导原则基本上是通用的，但是你运用的方式要取决于不同的文化环境。

■ 文化差异是根深蒂固的。你不仅要接受它们，还要通过采取适当的方式来对待人们并承认它们。来自不同文化环境的人们必须知道你没有觉得自己处处优于他们。如果有必要的话，你几乎需要以一种让他们认为优于你的方式来对待他们。

■ 没有理解民族文化的危险可能包括在该种文化环境中经营的全面失败。

注释

[1] *Knowledge@Wharton*, "How Cultural Factors Affect Leadership," July 23, 1999. Available online at: http://knowledge.wharton.upenn.edu/article.cfm? articleid=38. Requires that you sign up for the *Knowledge@Wharton* online journal.

[2] Earley, P. Christopher, and Miriam Erez. *The Transplanted Executive: Why You Need to Understand How Workers in Other Countries See the World Differently* (New York: Oxford University Press, 1997), pp. 5-7. The authors provide an interesting table of Cultural Profiles with Example[s of]Management Practice, listing many countries, p. 27.

[3] Mark Landler and Michael Barbaro, "No, Not Always" (International Business), *New York Times*, August 2, 2006. The article describes a number of the gaffes that Wal-Mart committed in attempting to impose its successful American system in Germany.

第3部分

对领导力更加广泛的见解

在讲述了一系列领导者可能会接触的组织和环境之后，我必须要补充一个更加重要的内容。这就是激励员工的绝对必要性。你可能已经制定了一个经过审慎思考的战略计划，并且安排好任务去实现战略计划，但是，除非整个群体渴望根据该计划来改进组织，否则，无论在什么环境下，组织都会面临着失败或者难以执行该战略。因此，在第10章，我会讲述激励员工的方式。

在第11章，我会回到领导原则上，并讲述人们如何根据不同的环境来区别这些领导原则的适用性。

第 10 章　领导力的核心：

激励员工

Chapter Ten

本书两个主题当中的一个就是，领导者如果希望获得成功，并进行有效管理，他们必须理解他们的领导环境。但是，如果不知道该如何在相应的环境中激励员工，那么领导者也不可能理解组织所处的环境。如果你不能激励你的团队，无论你有多深入地理解组织所处的环境，你都不可能发挥作用。

在本章，我将会讲述大量几乎适用于任何环境并且能对激励产生效用的因素。无论处于什么样的环境，由于天性使然，人们对同类型的待遇通常会产生类似的反应。也许这是令人惊讶的，我发现大部分激励员工的因素是非理性的动因，因此本章将以最大篇幅讨论这些激励因素。

10.1　激励的重要性

约翰·嘉德尼（John Gardner）出版过几本有关领导力方面的书籍，他认为激励的能力是领导者最重要的特征。他称之为"领导力的核心"。有效的领导者不仅能够激励员工进行实践，还能够在他们的下属中树立信心，并激发他们成为领导者的愿望。

那么，领导者如何才能激励他们的组织成员？薪酬和晋升这些传统的激励方式是能发挥作用的，但是，我认为人们在认为他们所从事的工作有益并且能够感受到相应的进展和成果的情况下，才会发挥最佳的工作状态。早在 70 多年前，哈佛大学教授埃尔顿·梅奥（Elton Mayo）在芝加哥西方电气霍桑工厂（Western Electric Hawthorne）进行的研究就表明，无论研究人员如何变换他们的工作条件，那些被研究的员工们总是不断地提高他们的生产力。梅奥及其团队总结出员工们的需求和预期超出了理性的经济动机，而且员工们因研究人员对他们的极大兴趣而感到兴奋。作为回报，他们希望让研究人员获得满意的答案。研究结果最后就是著名的"霍桑效应"。

今天，在工作变动越来越普遍的情形下，人们对一家组织越来越少地感觉到关联性，因为组织很可能在某一天就会被其他组织合并。总体看来，这些组织比过去更加庞大，这就导致员工对组织缺少认同感和归属感。在这样的环境下，使用非理性动机进行分析是更加困难的，但也是可能的，并且，从组织目标的角度看，这种分析的效果还是有价值的。

10.2　激励员工

马库斯·巴金汉（Marcus Buckingham）曾经主管盖洛普公司的强化管理惯例，记载了大量关于通过非理性回报来激励员工的内容。在他近期的作品《你必须知道的一件事……关于伟大管理、伟大领导以及持续的个人成功》（*The One Thing You Need to Know…About Great Managing, Great Leading, and Sustained Individual Sucess*）中，巴金汉描述了他认为每个领导者都会面对的关键问题：识别每位员工的特性，并将这些特性转变为绩效的改进。

在2005年6月一场沃顿领导力会议（Wharton Leadership Conference）的讲话中，巴金汉解释了他在自己的书中所说的激励概念。他说优秀的管理者（以及领导者）在一个基本的方面区别于差劲的管理者（和领导者）：差劲的管理者下跳棋，而优秀的管理者下象棋。"优秀的管理者知道，不是所有的员工都以相同的方式进行工作，"他说，"他们知道，如果他们要成功，就必须将员工放在能够发挥他们各自优势的位置上。伟大的管理者知道他们没有 10 个为他们工作的销售人员——而是有 10 个为他们工作的个人……一个伟大的管理者在识别每个员工区别于其他人的独特差异并且有效利用这些差异方面是非常明智和突出的。"[1]

凯利将军，美国海军陆战队的前任司令官以及美国参谋长联席会议委员，告诉了我们一段经历，生动地说明了领导者理解每位下属的不同关注点的必要性。在越南的时候，凯利将军管理的一位海军下属素有"麻烦大王"的称号。其他管理者试图纠正他的那些冒犯行为，但是没有成效。为了了解这位海军的问题根源，某天，凯利将军将那位年轻人叫到一边，开始询问他有关他的家庭和背景的情况。出乎他的意料，这位年轻的海军在小提琴演奏方面曾经像一名古典音乐家一样接受过训练。

凯利将军没有对那位海军说什么，并且计划给他一个惊喜。他吩咐负责供给品的行政管理人员在下次为集体采购供给的时候挑选一把小提琴。管理员为此感到很困惑，但命令就是命令——他照做了。

在小提琴被送到之后不久，凯利将军把那位海军叫到他的办公室。他将小提琴放到门后，这样当那位海军进门的时候就不会看到它。"孩子，你拉小提琴有多长时间了？"凯利将军问道。

那位海军说有很长时间了。凯利将军回答说："那么，为什么你不转身看看，然后为我演奏一曲呢？"

那位海军转身看到自己身后的小提琴，热泪盈眶。当那位年轻人将小提琴拿起来的时候，凯利将军就看出他是一位演奏经验丰富的小提琴家。他为凯利将军演奏了一首悦耳的曲子，并且似乎他的世界已经改变了。那位海军努力成为了他所在部队的一位最优秀的年轻人，并且在聚会和舞会中经常被要求展现他的音乐天赋。他成为了一个守纪律和行为良好的表率。

直觉敏锐、感情丰富的明智领导者可以理解每个人的需求，进而掌握一群个体的需求。他们可以使用非理性的动机来引发他们想鼓励的各种积极行为。这可以通过每月邀请员工和公司主席共进午餐、在公司期刊中表扬员工或者通过各种类型的奖励等形式进行。

在美国教育中心（AEC）这个我们曾在第 7 章"企业式组织：和他人分享你的愿景"中讲述过的我们收购的公司，从教师到就业代表，我们有超过 1 000 位职员来维持运营，我们还有一个叫做主席俱乐部（The President's Club）的年度盛事。这个俱乐部对组织的所有人开放，而我们将根据年度绩效表现来挑选出席人员。另外，公司有 6~8 位领导者是整个活动的常规参与者。

每次会议大约持续三天的时间。我们组织好整个群体，这样各个团队的成员就可能包括一位管理者、一位监管协调人、一位电脑科技人员以及其他人员。我们在他们当中运用和我们的工作相关的事情来展开竞赛。他们可能工作到半夜来分析这些事件以求获得奖赏，正如他们可能会做很多额外的工作以求能够被挑选参加主席俱乐部的活动一样。胜利者将他们比赛的各种录像拿回去，这样就激励了很多其他人作出努力，以期在下一年获得成功。

与组织活动所花费的资金和时间成本相比，主席俱乐部会议所产生的激励及其相关结果更为突出。

10.3 建立对未来的信心

在我之前所讲过的沃顿会议中，马库斯·巴金汉声称领导者的主要责任是"为更加美好的将来而把人们聚集起来。如果你是一名领导者，你最好毫不畏缩、毫不疲倦地保持乐观。无论心情如何暗淡，没有任何事情能破坏领导者对事情将会朝着更好的方向发展、一定会发展得更好的信心。无论你是否会公开表明这些观点，我都相信你会这样。"

除了要保持乐观之外，伟大的领导者需要具备强大的自我主义来激励员工。"如果你要进行领导，你最好对这种观点深信不疑：你应该是掌舵人，带领所有人走向更加美好的未来，"巴金汉说道。"实际上，没有任何领导者是卑微的。我并不是说他们是骄傲自大的，但他们的誓言都是伟大的。"巴金汉认为成功的领导者会找到"普遍性的真理"来聚集他们的拥戴者。这些真理源于不同文化环境中不同类型的人们的基本需求和恐惧。

这些真理之一就是对未知的恐惧。"我们都有对未知事物的恐惧，"巴金汉说道。"当然，对于现代的领导者来说，问题在于你是在和未来做交易。将焦虑转化为信心的最好方法是：透明化。透明化是焦虑的对症药品。如果你在做管理者应做的事情，那就一定要把它透明化。"

巴金汉举出了前任纽约市长鲁迪·朱利亚尼（Rudi Giuliani）通过透明化来进行有效领导的一个例子。当朱利亚尼在 1993 年就职的时候，他可以将自己的注意力放到任何地方。美国最大的城市当然会有一系列的问题。但是，朱利亚尼对自己的管理设定了一个具体、明确和集中的目标：他承诺降低犯罪率并提高市民的生活质量。

然后，他列出了三种打算实施的简单方法。他宣布将会清除使纽约市司机烦恼的挡风玻璃清洗机，清洁地铁里的乱涂乱画并且阻止破坏环境的人，以及让所有的出租车司机穿上制服。摆在他们面前的问题是微小的，但是，它们和纽约市民——他的选民——却紧密相关。通过设定这三个具体的目标并实现它们，朱利亚尼在市民中建立起了信任，在他的工作伙伴中获得了尊敬。这种信任伴随着他处理其他更大的能够降低犯罪率的挑战，并且，他在任的几年里，FBI 称纽约是美国最安全的大型城市。"虽然有很多事情可以做，但最佳方案是选择一些你希望马上采取行动的事情，"巴金汉说道。

🔃 *10. 4* 　将员工置于战略当中

除了要知道事情是如何发展的，人们还要听到他们的工作是很重要的，因此人们不能仅仅知道最后的决定，而是需要有人向他们解释为什么这么决定。在决定员工的工作应该如何进行的过程中，你必须将他们看成决定过程的一部分。因此，由董事会为组织的发展构思战略，是一个有勇无谋的做法。董事需要做的是要求管理层提出他们赞同的战略计划。如果管理层提出了计划，那么他们会感觉自己是决策过程的一部分，并且会致力于这个计划，同时认为这是"他们的计划"，而不是董事会的计划。这种过程不能停留在高级管理层当中，它应该沿着所有方向向所有员工扩展。

有人可能会反对这种做法，并且说，"那太浪费时间了。"如果这个过程得到了良好的组织，那么，其所花费的时间将会更加有价值地体现在计划的质量上，即人们接受这个计划，并且知道在他们的层次应该做些什么。和高级管理层自上而下所作出的决定相比，这种方式能够更好地改进事情发展的方式。很多时候，在组织的基层，人们会谈论某个新决策是绝对错误的，并且，他们认为这个决策是没有真正了解事情实质的愚蠢管理者拼凑出来的。这种情况经常发生，并且会削弱一个组织的竞争力，养成一种"我们 vs. 他们"的态度。

🔃 *10. 5* 　亲自沟通

对于组织各个部分的员工来说，沟通和交流都是绝对必要的，因为这样员工们会觉得他们知道发生了什么事，将来会发生什么事，并且他们可以对自己的命运作出努力。一些领导者认为这些仅通过备忘录以及公司的内部刊物就完全可以实现。这的确是非常重要的措施，但是，领导者也要尽可能亲自走出办公室，去和员工们沟通和交流。如果领导者花费大量的时间去和一线工作人员交流、互动、聆听他们的想法的话，好处非常显著。同时，领导者花时间到现场和员工交流以激励员工的士气也是非常重要的。

10.6 精简管理机构

今天，在一些高度集权的组织当中，决策的制定越来越集中到集团管理机构当中。当越来越多的决策制定发生在分支机构或部门的时候，这通常是一种错误。防范这种问题的唯一一种现实有效的方法就是保持管理机构的精简。作为 Touche Ross 的 CEO，大约每三年我就会削减 5%，10% 或 15% 的管理层职员。我们没有必要解雇员工——我们在这方面克服了很多障碍。另外，我们从未给管理部门过多的空间。我知道领导者们将管理机构从一个城市搬迁到另一个城市的主要原因是他们可以削减一半的管理层职员。

作为强大管理机构的部分推动力，组织趋向于为管理人员支付高工资，而对一线职员则很吝啬。如果你注意一下那些对你的收入和利润作出贡献、面对客户以及那些负责人力资源开发的人，你几乎会一成不变地认为那是一线管理人员。但是，在很多情况下，如果你将他们的收入和那些管理机构人员的收入相比，你会发现这似乎是一种打击。承认这一点并不是要贬低管理机构的职能或贬低当今需要受到《萨班斯-奥克斯利法案》监管的组织的管理职能。没有什么能够替代在这些领域使组织走上正轨的高级领导者的作用。对于人们来说，让他们感到他们在事情发生的现场，他们根据第一手资料来作出大部分的决策，他们前进的道路上没有官僚主义的沼泽，他们会因为自己的成就而得到人们的认同，会是非常强大的激励。

在美国教育中心，在我们聘任的第一位 CEO 没有上任之后，我从国家教育公司（NEC）聘请了比尔·布鲁克斯，当时他担任斯巴达航空学院培训部的主管，后来到我们这儿成为了 CEO。你可能会问，为什么他要离开一个大型机构，辞去一份享有很高声望的工作，加入一个人力资源和公司资源都不如他以前职位的一家较小型的机构？答案是他希望展现自己。他不喜欢在一个官僚主义盛行的环境中发展。布鲁克斯很自信能够以自己的优势为基础在作出决定的过程中发挥自己的能力，而不是听从一些管理人员的指挥。

在我们第一次谈论下一年的预算的时候，他提出了预算以及经营现金流的金额。我们仔细分析这份计划，然后我问他："你的资本支出计划是什么？"

布鲁克斯回答说，"我还没有将它考虑进来，因为我不知道你们过去是怎么做的。"

我问他："嗯，那你在 NEC 是怎么做的？"

"我们会在年度开始不久之后就提出下一年资本支出预算的方案，"他说："我们会得到一些反馈。然后我们再次提交。之后有人会告诉我们需要削减 10% 或 15% 的预算。我们又再一次提交预算方案，直到年末他们告知我们的资本预算应该是多少，然后我们就这么做了。"

我问他对我们的下一年计划有什么想法。他拿出一张纸列出各种不同的事项。我问了他一些问题，并提出了一两项建议，因为我们认为他必须知道这些。然后我们继续讨论其他问题。

会议结束之前，他问道："要通过我的资本预算方案，我需要做什么？"

我说，"我们已经通过该预算了。"

"那就是我喜欢在这儿工作的原因，"他说道。那些你希望他们为你的组织而工作的高级管理人员，他们希望负责自己的领域。他们希望承担责任，他们希望作出决策，他们希望能以一定的速度向前发展，而不是等待其他人的审批。这是一个强有力的驱动因素。一个精简的管理机构能够帮助你实现这一点。

🌀 10.7　阻止势力斗争

在某些情况下，人们经常会受到那些特定的官僚机构达成的形式上一致的意见的牵制，这包括由学术机构而不是经营单位来作出决策。这不是什么决策对组织最好的问题，而是一个谁有权作出决策的问题。

当我在沃顿任职的时候，我有一个小型的融资小组，而宾夕法尼亚大学有一个大型的融资中心——有人期望我们一起工作，共同为沃顿商学院和宾夕法尼亚大学筹集资金。发展中心主要是想为宾夕法尼亚大学，特别是为艺术和科学学院这些领域筹集资金，因为和沃顿相比，它们更难从毕业校友中获得资金，因为沃顿有大量富有的毕业生，筹集资金是一件比较容易的事情。这种安排经常会令人气馁，特别是在宾夕法尼亚大学的发展中心设置障碍阻止沃顿会见一些校友的时候。

有一次，我请融资中心的主管坐下讨论，因为那里确实存在一些我不能理解的事情。我说："我将宾夕法尼亚大学的融资中心，特别是您，看成帮助我以及像我这样的院长开展工作的人。换句话说，尽管您没有直接为我们工作，但是您应该将我们看成您的客户。坦率地说，我不认为自己得到了很多服务。事实上，我得到的是妨碍我开展工作的障碍。"

他看着我说："我从来没有认为你是我的客户。"

我回答说："我知道——这似乎就是问题所在。"

最终，我们达成一种妥协，即使不是最好的结果，但和长期的势力斗争相比，更加有利于我们工作的开展。

从效果上说，我们因他工作的方式而失去开展工作的动力，如果我也用同样的心理来对待我的员工，那么，我也会使他们失去工作的热情。有多少管理机构会将运营单位看成它们的客户呢？

🎕 10.8　尊重不同意见

　　大部分领导者都具备强大的直觉，以便感受和处理不同意见。尽管如此，在某种程度上，领导者应该乐意尊重和接受他们组织内部的不同意见吗？从表面上看，似乎不同意见可能会由于挑战了领导者的权威而潜在损害了领导力，然而，根据迈克尔·罗伯特（Michael Roberto）——《如何作出明智的决策》（*Why Great Leaders Don't Take Yes for an Answer*）[2]一书的作者——近期研究的结果，事实往往不是这样的。

　　罗伯特在书中说，领导者所面临的最严重的危险之一，就是他们允许自己深陷那些对他们的话永远赞同的人当中。当发生这种情况的时候，领导者就会被孤立起来，并且听不见坏消息。按照罗伯特的说法，强大的领导者并不害怕大家发表不同意见和产生争论——但是他们会关注这些争论是否有建设性。不同意见、讨论和辩论对获得真正的一致意见是非常关键的。"强大、受欢迎和成功的领导者听了太多的'同意'，或者说他们在人们真正表达'不同意'的时候并没有听到多少信息。在那种情形下，组织可能只有很少的选择，而且那些缺乏职业道德的选择得不到质疑，"他说道。

　　罗伯特认为，当不存在不同意见以及糟糕的决策被不受挑战地执行的时候，组织付出了很高的代价。他引用了一些例子，例如2003年2月发生在哥伦比亚的灾难，太空穿梭机在重新进入地球表层的时候脱落；还有1961年发生的猪湾事件（Bay of Pigs），一群受到美国政府支持的古巴流放者"入侵"古巴。这两次事件中，都有一些反对声音没被注意到。他说领导者的最好联盟就是一群强大的、持怀疑态度的、对不正确的指导方案或缺乏深思熟虑的行动方案勇于挑战和质疑的同事。尽管这可能会引发一些冲突，但是，和在前进道路上发生更大的灾难事故相比，为此付出的代价还是很小的。

"冲突本身并不会产生更理想的决策，"罗伯特说，"领导者同时还需要在他们的组织当中获得一致同意。一致同意……并不意味着全体一致无意见，全面同意决策的方方面面，或者得到组织大部分成员的完全认可。这并不表示该由团队而非领导来做决定。一致同意意味着人们同意为决策的执行合作。他们必须接受最后的决定，尽管他们可能对这个决定不完全满意。"[3]

🕎 10.9　在你的员工中建立信心

如果你按照我之前所讲述的方法来做，你就可以树立员工的信心。信心是他们必须具备的。如果他们没有信心，那么他们的工作热情就会被削弱。缺乏信心的人就像机器中的一枚螺丝一样，只是做他被吩咐应该做的事情，没有任何主动性。你希望人们能够在自己的范围内作出适当的决策，而不是等待领导者告诉他在不同的情形下应该做什么。正如我之前说过的，我们认为他行，他就行。拥有一群不怕承担责任，不怕在自己的职责范围内作出决定，相信在自己的职责范围内作出了最佳决策的人，其价值是不可估量的。这种价值是强大的。如果你能将积极、超前思考的态度综合起来，你就能获得一个制胜的驱动力。

若个人或组织缺乏信心，绝对会产生压制潜能发挥的作用。没有什么比员工由于对自己和组织没有信心而持悲观和不满的想法更削弱组织的竞争力了。你必须挖掘组织中每个人的终极潜能。为了做到这一点，你应该采取激励、表扬、沟通、欣赏、尊重和信任等这些现实主义的方式。你绝对不会希望成为一个在其他员工面前责备或抱怨你下属的领导者，因为他们所犯的错误而贬低他们的身份，或者认为他们是机器中下等和低劣的部件并以这样的方式来对待他们。我曾遇见过一些在比赛场合中由于运动员所犯的错误而大声责备他们的教练。无论这些所谓的"严格管理者"认为这种方式多么有效，这从来都不会产生积极方式所能产生的积极效果。记住，在大学篮球比赛的历史上最成功的一位教练是美国加州大学洛杉矶分校（UCLA）的约翰·伍顿（John Wooden）。他采用"教导"的方式来指导他的队员，并且他知道，和指责与抱怨他们相比，更加耐心和尊重他们的方式所达到的教导效果更加积极有效。不错，我知道博比·克耐特（Bobby Knight）曾经赢了很多场篮球比赛，但是，我不会愿意留在他的团队中。今天，你的优秀员工们在其他组织中也有很多选择机会。

你可以通过表扬他们以及通过支持而非阻挠他们来树立其信心的方式来更进一步地发挥人们的潜能。你曾听过几个 CEO 说过"我不想要那些愿意承担责任、作出决策和承担风险的员工"。如果他们能够看到现实的映像，他们可能会看到是他们让员工这样改变的。至少作为一名领导者，你的责任不应该是将组织环境变成这样一种状况，即鼓励人们按照你所反对的方式去行动。

如果人们不能胜任该岗位，你就不得不解聘他们。你必须从组织的整体利益出发，每个人都应该知道自己的分量。但是，当人们在岗位上的时候，你就应该最大限度地发挥他们的潜能，与经常责备和斥责相比，欣赏和表扬能更好地实现这种效果。人们希望在这样的组织中工作，即看到杯子已经装满了一半，而不是看到杯子还有一半是空的。他们希望自己工作的组织在环境变得艰巨的时候也能变得坚强。他们希望在这样的组织中工作，即把问题看做机会。

⚙ 10.10　将薪酬体系和战略计划联系在一起

在讨论完非常规的激励动机之后，我将以一种非常常见的激励方式来结束本章：薪酬。这是员工激励非常重要的一部分。如今，和与公司维持一种安全的长期发展关系、与公司共同发展这种动机相比，薪酬和晋升被更加频繁地运用于员工激励当中。薪酬和组织实现的利润之间的联系越来越紧密。利润是很重要的，但是，它们仅仅是大部分战略计划所要实现的各种目标当中的一个，并且从长期发展的角度看，整体的战略目标比短期利润更加重要。

尽管利润是不易衡量的，但是，可以简单地通过损益表上的数字来决定应该给人们多少奖金。虽然如此，真正有效的薪酬支付体系和晋升体系必须和组织的发展战略以及每个单元的战略计划联系在一起。你可能会听到人们大声抱怨："我们怎么衡量这些软性项目，比如培养人才、引进新产品、执行新的营销计划、降低周转率？"使这些衡量指标更加复杂的原因是：很少有领导者将发展和利润这两个衡量指标视为同等重要的，尽管企业的发展在长期看来至少和利润同等重要。这些因素以及战略计划中的其他更加宏观的要素是可以衡量的，尽管不容易，但是还是可以实现。

一个有效的薪酬激励体系必须和组织的整体战略计划相联系。如果你让某一个人负责战略计划，另一人负责薪酬体系，而这两个人之间不发生联系，你认为谁会赢？很明显，赢的会是负责薪酬体系的那位。分析组织应该如何决定给员工多少薪酬，以及如何判断他们的行为与激励之间的联系，并不用花费大量的时间。如果组织仅仅关心利润，那么你会发现很多其他事项——特别是组织长期发展的投资——将会被挪作他用。如果你继续过分强调利润这个因素，你甚至可能会发现某些数字会为了"实现计划"而发生扭曲。

在结束这部分内容之前，我们来关注 CEO 的薪酬这个话题，很多人觉得这是一个大问题。我认为问题不在于支付给高级领导者或 CEO 的薪酬是否足够回报他们的付出，而在于很多没有做好或者工作做得很糟糕的 CEO 获得了巨大回报，似乎意味着他们作出了杰出的成就。从根本上说，如果你有绝对优秀的 CEO 或者领导者，那么你给他们支付的薪水不算高；但是，对于那些已经获得高额回报的每一位高级管理者而言，就不能仅仅是给那些表现平庸或表现糟糕的人支付较少的薪水那么简单。当工资始终不变，或由于公司没有挣到足够多的钱而遭解雇的时候，这对大多数人是巨大的打击，而领导者却似乎依旧能够获得不寻常的高收入。说到这儿，我感觉到一些 CEO 希望降低自己的薪资水平，不是因为他们认为自己不值这个价钱，而是他们的做法能给出于某种原因没有做得和 CEO 一样好的员工一种激励。有一些 CEO 就是这么做的，我相信这通常将会是一种积极的驱动力。虽然如此，在当今的经营环境中，这是很难做到的，因为期刊杂志会将每位 CEO 和其他人相比较，你很难接受自己的名字排在一些没有你做得好的人的名字之后。

当我在 Touche Ross 的时候，每位合伙人的名字都被排列在一本书当中，依据是他每年做了多少工作。基本上，每位合伙人在看到这本书，看到和他们所熟知的其他人相比他们做了哪些工作的时候，他们都会很高兴。每位合伙人都希望出现在书中"一等工资"的名单当中，我记得在早些时候这个名单只有 25 个人。我告诉我们的职员减少等级，这样我们就能有 50 位合伙人列入一等工资的清单当中，并且我认为这是有意义的。另一方面，有几次我也对那些决定我的薪资水平的同事说我不想自己的薪水超过＄X 这个水平，因为那将会过分拉大我和公司其他高级管理人员的薪资差距，而这将会造成一种破坏效果。从我的角度上看，正如我所记得的，当我的薪金为 500 000 美元的时候，真正的问题不是我是否多拿了 100 000 美元或 150 000 美元，而是美国公司的 800 位合伙人能否有机会获得一等工资，以及他们所能拿到的薪金和我的薪水是否有可比性，并认为那应该是合理的。相信我，如果我的薪金远远高于我们合伙企业的其他高级管理者，那事情就不会那么简单了。

10.11 留住优秀人才

激励员工有个最重要的好处就是可以留住优秀人才。马库斯·巴金汉与库特·科夫曼（Curt Coffman）合著了《首先，打破一切常规——世界顶级管理者的成功秘诀》（*First，Break All the Rules*：*What the World's Greatest Managers Do Differently*），他认为公司并不仅仅是在产品和服务的销售方面竞争，它们还在高度竞争的市场中竞相聘用最优秀的人才。尽管人力资源部门一直替你致力于提供具有吸引力的薪酬待遇来聘用和留住最优秀的员工，但是，这还不够。

"和以前相比，今天如果一家公司在流失人才，那么，它的价值将流失更多，"巴金汉和科夫曼写道。"投资者们经常被这个发现吓倒。他们知道他们当前的衡量体系在捕获所有的资源来保持公司价值方面仍处于一种非常初级的阶段。比如说，根据纽约大学 Stern 管理学院财务会计学教授巴鲁·列弗（Baruch Lev）的说法，一家公司资产负债表上体现的资产和负债的价值仅占公司真正市场价值的 60%，并且，这种偏差正在日益增大。"[4]

巴金汉和科夫曼从 400 多家公司超过 80 000 位管理者中收集数据和信息。他们发现，影响组织成功的最大障碍就是公司中层人员的不良管理。巴金汉和科夫曼说道："要建设坚实的工作场所，经理是关键人物。"根据巴金汉和科夫曼的说法，公司领导者忽视了在激励员工上"经理"的重要作用。"公司高级管理人员对以下这个相同的遗漏应负责任：他们未能培训员工成长为有效的管理人员，未能有效地监督管理人员的绩效。很多公司被淹没在产品和市场的信息、衡量标准以及统计分析当中。但是，高级管理者做了什么来有效管理经理人并获得经理人在他们的直接报告中产生影响的有效信息？太少了。"访谈记录道。

在巴金汉和科夫曼的书中，一位被采访者巧妙地总结了他们的争论："公司可以给员工们提供有竞争力的薪资、福利，以及健康俱乐部和保健中心这类令人愉快的后援支持，但是却依旧没能留住最优秀的人才。另外，很多优秀的公司所忽略的……是一个平庸的管理者会极大地破坏哪怕是最出色的组织，同时迫使最优秀的员工逃离组织。"[5]

不错，激励是领导的核心，有效的领导者不仅要激励员工积极表现，还要在下属当中培养他们的信心，激发他们成为领导者。所有研究在本质上都支持了这样一种事实，即非常规的激励至少和传统的薪酬激励是同等重要的，有时甚至更加重要。即使在人们更多地致力于自己的市场价值而非公司忠诚度的今天，非常规激励依旧会发挥作用，正如高级领导者或管理者比那些不善于激励员工的管理者更知道如何通过激励员工来实现更大的成就。在我们数字导向型的衡量结果和认知人们的方式中，你可能没有注意到，当一个有动力的组织享受自己的发展进程，相信自己的所作所为，在一个正直的领导环境中，在一种人们喜欢的文化环境下开展工作时，你可以拥有的强大优势。

小　结

■ 如果要让员工认识到组织的长期战略目标，你就要激励他们。拥有不怕承担责任，不怕在他们的领域中作出适当决策，并且相信自己能够在自己的位置上作出最佳决策的团队，具有不可估量的价值。这种价值威力无穷。如果你能将此和积极、超前思考的态度结合在一起，你就获得了胜利。

■ 理解组织中每个人的需求和目标。

■ 树立员工对组织未来发展的信心。

■ 让员工融入制定战略计划的过程当中，使他们认识到自己是决策者的一部分。

■ 在组织中尽可能多地和员工进行沟通和交流。

■ 保持管理机构的精练。

■ 识别并阻止势力斗争。

■ 在制定决策之前，尊重不同意见并仔细聆听这些不同意见。

■ 通过积极而不是消极的方式在你的员工当中树立信心。

■ 将薪酬体系和战略计划联系在一起，而不仅仅是和季度利润数字相联系。

■ 通过常规以及非常规方式激励员工，你将能留住更多的优秀人才。

注释

[1] "Good Managers Focus on Employees' Strengths, Not Weaknesses," *Knowledge@Wharton*, June 29, 2005.

[2] Wharton School Publishing, June 2005.

[3] *Why Great Leaders Don't Take Yes for an Answer*, Chapter One, Wharton School Publishing, 2005.

[4] Chapter 1, "The Measuring Stick," p. 23.

[5] "The High Price Companies Pay for Mediocre Managers," *Knowledge@Wharton*, March 1, 2000.

综合运用领导原则
*C*hapter Eleven

在本书开篇的时候，我列举了我坚信可以指导所有领导者的领导原则，然后在主体部分的章节，我将这些原则融入各种环境，以明确它们特定的重要性——尽管每一种组织环境下所有的领导原则都可以适用，但是，这些原则适用的优先性是不同的。

在最后一章，我绕了一圈，又回到这些领导原则上，并且以更加通用的方式使之与组织环境相关联。尽管在主体章节中我已经讨论了一些特定的原则，但是在这里，我将会重申这些原则，然后进一步告诉你我认为它们是如何与组织环境发生联系的。

本章将以一些我希望和你分享的关于领导力的最终想法作为结束。

11.1　正直

无论在什么时候，领导者都必须具备个人的正直感，这是领导力的基础。追随者们希望认为他们的领导者无论于公于私都具有不可动摇的公正性。

不错，领导的正直是独立于组织环境的。没有任何组织环境会使正直成为其他领导原则的辅助。追随者们必须要能够相信他们的领导者不仅是最正直的，而且真正地对他们以及他们的抱负感兴趣。无论于公于私，领导者都必须始终如一地展现一种真实的且可感知的正直形象。

如果我就此打住，不再讲述其他重要的规则，那么，这就是你必须牢记的内容。

11.2　执行

无论在何种组织环境下，领导者运用的领导原则都基本上是相同的，但是，他们的执行方式却因组织环境的不同而不同。也就是说，领导力的执行因环境的不同而不同。

执行是使事情得以完成的关键。作为一名领导者，你必须参与执行过程，不能将所有的执行任务都授权给其他人。他们必须理解到你不仅自己对执行是非常重视的，并且也希望他们能同样重视。你的执行方式将会随环境的不同而不同。在一个自上而下型的组织中的领导方式和在一个合伙式组织当中的领导方式是有显著不同的。记住，人们会从战略目标的执行力度来评判你，这就要求你理解你所在的组织环境中事情是如何发展的。拉里·博西迪写了一本关于执行力方面的著作，我强烈推荐你阅读该书。书中讲述的执行事务的案例中充满了至理名言。

11.3　准备好变革的机会

在正常情况下，领导者应该抓住已经为变革做好准备的机会更快地采取行动，而不是尝试面对那些明知将会遇到更大阻力的领域，尽管往后这些障碍领域可能会对变革更具建设性意义。

变革机会会出现在任何组织环境当中，特别是在危机中的组织环境中，这点体现得尤为突出。在危机时刻，你的领导类型必须专一且明智。危机会产生一种紧迫感，并且使得变革可能更加难以实现，特别是和那些所谓的正常情形相比。危机产生了不同寻常的机会，包括这样一种事实，即当你穿越刀山火海的时候，会发现你的团队中谁才是可以信赖的。在第 5 章"危机中的组织：化危机为机会"中，我们看到了马蒂·埃文斯将危机视为机会。当事情进展顺利的时候，我们很难进行变革；但是，当事情发展不顺利的时候，这种情况就会产生对变革的需求。追随者们将会理解这个观点。

在第 6 章"组织变革：转变组织文化"当中，我讲述了你需要怎样始终如一地寻找机会来使变革顺利完成。我的观点是要对机会保持高度的敏感性，并且将变革过程视为发展的常规和动态过程。

11.4 在危机中领导你的追随者

在危机时刻，领导者必须走在追随者的前面，在未能获得一致同意的情况下作出困难的决策，甚至有时候为了解决组织面临的威胁而不加解释地作出决策。

在任何面临危机的组织环境中，你必须毫不犹豫地控制局面，并且作出能够改变环境的艰巨抉择。你的长期目标可能是让组织的关键管理人员达成一致意见，但是，这可能需要等到你确信危机已经安然渡过之后才可行。

组织环境能够影响你如何将组织朝着一种更加具有大学式风格的方向转变。合伙人将会期望在危机过后立即发挥出越来越重要的作用，学术机构的教授们也一样。在自上而下型的组织环境中，你应该花费更多的时间来授权给其他人。

11.5 释放追随者的潜能

领导者的最终目标就是释放追随者的潜能。这不仅有利于追随者的发展，还有利于整个组织的发展。

无论你处在何种组织环境当中，你都不可能自己处理所有的事情。整个第 10 章"领导力的核心：激励员工"所说的就是如何释放员工的潜能。在大部分组织环境中，大部分激励因素都是相同的，我建议你将第 10 章作为你释放员工潜能的基本参考内容。

⚙ *11.6* 培养创新

在当今全球市场化的环境中，领导者必须在组织全范围内培养创新，这就意味着要聆听员工们的意见，并且给他们提供足够的空间去进行实验、犯错误，以及开发能在这个持续变化的竞争平台上具有竞争力的产品和服务。

在自上而下型的组织中培养创新通常要比在其他组织，比如企业型组织中更困难。但是，在任何组织环境中培养创新都是很困难的。员工们可能会有很多好主意，同时也会有很多不好的主意；但是，如果你不向员工们明确表达你和组织都希望了解他们的主意，他们就会自己藏着这些主意不让其他人知道。聆听好主意并不代表要对不好的主意进行惩罚，这在所有的组织环境中都是适用的。

⚙ *11.7* 追随者的愿望和组织的战略计划

领导者通过发现追随者的目标、愿望和需求，以及使他们相信领导者真的在试图帮助他们实现这些愿望来动员他们。与此同时，为了实现组织的目标，领导者必须在追随者们的个人目标和组织的总体目标（比如战略计划）之间建立联系。

要想获得成功，领导者需要追随者。人们会追随那些能够发现他们表达和未表达的目标和愿望的领导者，并且相信他们能够帮助自己实现那些愿望。追随者们的目标可能会由于组织环境的不同而不同。学术机构的教授们和刚发展起来的企业机构的员工们的愿望和目标是不同的。之后，你的任务就是理解组织中员工们的目标，并且帮助他们实现自己的目标。你不能放弃自己的战略目标；也不能放弃组织的战略目标；相反，你要找到将它们联系在一起的方式。当你的战略目标和你组织成员的个人目标一致的时候，这种一致就能帮助你实行真实的变革，最终帮助你实现终极目标。

同时还要记住，同一个组织环境中的不同个体之间的需求也是不同的，因此，他们必须要按照各自最可能实现成功的方式来区别对待。你不应该这样说："我们有销售队伍，"你应该这么认为："我们有 25 名销售人员。"每个人都是不同的，他们对特定的激励和鼓励会有不同的反应。无论在何种组织环境下，这都会使领导者的任务变得更加复杂，但是，成功就取决于根据不同的情况作出相应的对策。

ⓩ 11.8 优秀的判断力

领导者最重要且最本质的特征就是优秀的判断力。这是与生俱来的，而不可能被教会，尽管它可以通过后天的经历得以发展成熟。

可以说，任何组织环境都要求领导者具备优秀的判断力。

ⓩ 11.9 树立信心

领导者必须在他的追随者中树立信心。就像一名教师一样，领导者必须表达对员工们的高预期，然后确保他们树立信心，相信他们可以实现这些期望。人们认为他们可以，他们就可以。

据我所知，没有组织会认为领导者对追随者们传递信心是不重要的。你必须是一个能够使群体充满活力的能人，必须是一个乐观的现实主义者，能够解释组织将如何实现目标，如何获得成功，无论做什么都能做到最好。在任何组织环境中，所有追随者都希望相信他们的领导者对未来是有信心的，并且能够带领他们到达预期的目的地。领导者的杯子永远不能是半空的。

⚖ 11.10　回报追随者

领导者必须仔细思考并且认真执行和激励员工相关的整个常规的和无形的回报体系。比方说，在战略计划的执行过程中，薪酬体系和战略计划的紧密联系是非常关键的，而不仅仅是将薪酬和每股收益或预算相挂钩。

无论在何种组织环境下，激励都应该是一个持续的过程。这可以通过任何常规的薪酬体系或晋升，或者像主席会议、认可、表扬或其他奖励的组合方式得以实现，同时对员工个人来说，这应该是一个持续的刺激。在自上而下型的组织当中，经济上的回报应该体现出员工是如何出色地完成了你的战略目标。在一个合伙式或企业式的组织当中，很多员工都可以根据他们可衡量的绩效来获得回报。

但是要记住：无形的回报可能会和薪酬一样重要。无论身处何种组织环境，你的追随者都应该在一种他们认为在任何情形下都可以尽可能地掌控自己的命运的环境中工作。他们应该被允许参与整体的决策制定过程，以体现他们特定的价值。他们应该被允许在各自的领域中作出必要的决策。这样的话，他们会有一种成就感，因为他们不仅有责任，还有权力在自己的范围内开展工作。

⚖ 11.11　预先计划，但不要太超前于追随者

在领导的过程中，如果不想承担未能实现领导目标的失败风险，领导者就不能过于超前于员工们。领导者经常需要进行超前的思考，但是，员工们必须要跟上领导者的步伐，这样他们才会理解发生了什么事情以及为什么会这样——否则领导者可能将面临领导目标和员工预期脱节的困境。

组织环境影响你同你的组织展示多少自己的愿景。在危机时

刻，你可以告诉员工你对更加美好的未来的愿景，这样可以重新树立员工们的信心。同样，在自上而下型的组织当中，你拥有足够的空间来告诉追随者们你将领导他们到哪里去。毕竟，你是领导者，他们应该理解他们要跟随你的领导。

虽然如此，在合作式的组织当中，设定过于超前的课程对合伙人的利益可能是极大的威胁。有时候，在朝着你的终极目标愿景前进的过程中，增设短期和可实现的目标是更好的做法。换句话说，在第 8 章"学术机构：学习沃顿的经验"中，我发现在沃顿我能够展示一个教授们接受的符合他们的利益的新愿景——教授们和合伙人有些看法一致。在最后的分析当中，将由你判断在你的组织环境中，你应该展示的愿景有多远。这是优秀判断力原则的一部分。

11.12　和每个人沟通与交流

领导者必须将他的领导目标和整个组织进行沟通与交流——最理想的是和每个人亲自沟通与交流；如果不可行的话，至少也应使用他亲自书写的文档和大家沟通和交流——因为沟通和交流对一个组织的有效运作是非常关键的。

在任何组织环境中，如果你希望使组织向前发展，你就不得不告诉每个人你将带领他们到哪里去。最好的方式就是尽可能和每个人亲自沟通。你也可以在大型会议上告诉员工们，如果不能使所有员工参与会议，可以使用一些电话会议这样的高科技手段。如果电话会议不能确保每个人都接收到，那么可以给所有人发送电子邮件。不要忘记，公司的时事通讯也是一种渠道。

无论你使用什么渠道，都应该避免使用陈词滥调。在自上而下型的组织或者处在危机时刻的组织当中，采用命令式语调可能是适当的。但是，在合伙式组织、企业式组织或者是学术机构当中，最好以一种为所有人寻求最大利益的仁义领导者的形象出现。

🌀 11.13　领导力的标志

领导者被追随者们认为是组织区别于其他组织的一个标志，因此，领导者的言行要适当。他只能在"其中一个职员"这方面走得更远。

作为一名领导者，你是组织权威的象征。这是事实，无论你处于何种组织环境当中。但是，你和你的追随者们之间的关系会随着环境的不同而有微妙的差异。作为合伙式组织的领导者，你不能离其他人太远，因为他们可能会认为你是他们中的一员；如果你认为自己高人一等并且这么做的话，就会受到侮辱并失去支持者。这在学术机构和企业当中也是同样的。

虽然如此，在自上而下型的组织以及那些处于危机中的组织当中，你最好避免和追随者们过于亲密，否则，你的办事能力可能会打折扣。

但是，追随者们会将你摆在一个更高的位置上，因此你的行为必须与之相符。

🌀 11.14　领导力产生差别

在大部分的组织环境当中，领导力是绩效差异的主要原因。人们认为公式、灵活的市场营销方式、争当第一、最先进的管理工具和程序，比如六西格玛等，才是组织区别于其他组织的关键因素。这些因素确实重要，但是，领导力本身才是成功组织区别于失败组织的关键因素。

最后的领导原则是基于我对领导力的看法。在那些成功的组织、特别是那些经历过长时间历练的组织当中，我注意到这些组织的最高层领导是使组织产生差异的原因。一个拥有优秀员工但是没有有效领导者的组织在执行战略计划的过程中是障碍重重的。无论在何种组织当中，这都是不变的真理。

🔁 11.15　关于领导力的最后思考

最后，我以一些对领导力的观察和思考对本书进行总结，留待读者思考。

商业教育

今天，很多在商业领域接受培训的人都仅仅涉足于特定的专业学科。这确实没有问题；但是，我们应该花更多的时间来思考领导力的内涵。领导者必须是能够看见"宏伟蓝图"的人。这就意味着无论商学院是否会提供领导方面的独立课程，或者是开设全面的领导课程，领导者都应从广泛的知识面做好准备，而不是局限于狭窄的科技知识。最佳的阅读资料非历史书和传记莫属——特别是伟大领导者的传记，以及那些失败的领导者的传记。对于那些准领导者们来说，可能没有什么比从过去的领导者身上学习经验教训这种模式更加有效了，这些领导者当中的某些人获得了引人注目的成就，而有些人则导致了令人难忘的失败。

最大的不足：骄傲

也许在前进道路上绊倒很多领导者的最大不足就是他们的骄傲和自负，因为他们身边的每个人都告诉他们，他们做的事情是如何了不起。这种情况通常发生在自上而下型的组织环境当中，不过也可能发生在其他任何组织环境当中，包括学术机构、合伙式组织以及其他类型的组织。追随者们希望取悦他们的领导者，因此很多人认为恭维和赞扬领导者的丰功伟业将会使自己受益。从另一个方面说，领导者是非常乐观的，并且喜欢认为事情进展顺利而不是朝着不好的方向发展。他们当中的某些人并不愿意听到相反的观点，这就显然引导了他们的下属去恭维和赞扬他们。经过一段时间之后，这些领导者开始变得孤立起来，开始侃侃而谈，不注意聆听他人的意见，并且真正地反对和他们相左的意见。最终，事情就会发展成这样，他们总是说："噢，我们早在三年之前就尝试过了，这是没有用的。"这可能是致命的，那些陷入这种陷阱中的领导者正走向下坡路。

最后，关于人的问题

下一次，当你被告知这是关于对冲基金、金融衍生品、运算法则和数量模型等的问题的时候，就是关于交易进入"边缘"地带的问题，关于季度收益以及回购股票和堆积债务的问题，关于成为一个包揽所有成功的荣耀，而为失败责备下属的粗暴领导者的问题——不要争论。只是笑笑就好，因为你知道这都是关于人才，以及获得他们最大的潜能并实现组织目标的问题——也就是关于领导力的问题。为什么你要笑？因为你知道你每次都要和那些不择手段的、仅从短期角度进行思考的人进行较量。

我祝愿你在自己的领导道路上获得成功——昂首前进，去实现成功。

《强势时代》

Powerful Times

By Eamonn Kelly 王哲　译

出版时间：2009 年 6 月　定价：38 元

强势时代

埃蒙·凯利著

中国人民大学出版社

本书以全球视角，精辟分析了未来十年世界所面临的变化和挑战。从恐怖主义到核扩散，从能够改变人类的新兴技术到新兴经济大国的崛起……作者指出，一些强势的"动态矛盾"将在未来几十年根本上重塑人类生活，他以非凡的洞察力来解释这些矛盾将如何相互抵触、相互作用，制造一轮我们未曾见过的变革。

- 世界上唯一的超级大国面临着前所未有的进退两难的困境。
- 无所不在的信息带来了透明，但也带来了混乱、阴谋和混沌。
- 科学技术进步是突破还是灾难？是加速发展，还是遇到伦理道德的挑战而放缓？
- 中国和印度的崛起会怎样改变世界？
- 发达国家迅速的老龄化将给世界带来哪些变化？
- 全球市场是促使所有国家繁荣，还是让一些地区陷入了衰退？
- 人类如何应对 90 亿人口给地球带来的影响？
- 如何调动个人和组织的热情与力量去创造更加美好的未来？

对于关注我们当前与未来政治、经济生活的读者，本书为你提供了一个更广阔的视角和一种更深刻的理解。

《经济指标解读》（第二版）

The Secrets of Economic Indicators，2nd Edition

by Bernard Baumohl 吴汉洪　译校

出版时间：2009 年 6 月　定价：46 元（估）

经济指标解读（第二版）

伯纳德·鲍莫尔著

中国人民大学出版社

这不是一本教科书，也不是关于经济方面的学术论著。这本书旨在帮助人们更好地理解：如何看待经济指标，经济指标为什么会有重要影响，它们能告诉我们多少关于未来的事情，以及人们如何最充分地利用这些信息。

在本书第 1 版出版后，已经出现了许多新的经济指标，有的是很好的预测工具。为了更准确地预测经济走势，原来的一些经济指标也得到了修改完善。因此作者推出了新版，在新版中将"最有影响的经济指标"的排列顺序做了更新。新的排序对于介绍预测经济活动的新方法和说明现有指标的计算路径非常有必要。同时新版列出了哪些经济指标最能预测经济走势，增加了排名前十的"领先经济指标"的介绍……

无论你是投资者、投资中介员工、研究人员、新闻工作者还是学生，本书都能帮助你认识经济指标，并独立地对经济走势做出更加客观的分析和判断。本书还将帮助有经济学背景的人士提升洞穿经济指标、预测经济走势的能力。

《卖掉蓝象》
Sell Blue Elepants
By Howard Moskowitz 等　刘宝成　译
出版时间：2009 年 7 月　定价：38 元（估）

在欧美文化中，"卖掉蓝象"是异想天开的代名词。这正是作者在本书中所强调的核心：许多突破性的产品并不是通过市场调查产生的，而是研发部门、营销人员通过一定方法"挖掘"出来的。这一方法就是 RDE。通过 RDE，顾客可以实际参与新产品的开发，产品开发人员与营销人员借此可以找出开启客户心扉的钥匙，科学地设计、测试、修正产品创意，有的放矢地创造出新产品，成功地将新产品推向市场。最终，即使顾客不知道自己需要什么，也能被发掘出来的产品所吸引，并实现购买。

本书摒弃了深奥艰涩的数理统计，运用世界顶尖公司的具体案例，简明易懂地介绍了 RDE 的实施方法，向您展示如何为顾客提供前所未有同时广受欢迎的产品和服务，如何"卖掉蓝象"。

无论你是品牌经理、广告设计师还是产品开发人员、营销人员，本书都能够帮助你用一种全新的方法和思路了解消费者的行为，从而拓宽市场空间。对于学生们来说，也可以通过阅读本书，把 RDE 方法运用到自己的研究领域中。

（左侧书脊）卖掉蓝象　霍华德·莫斯科维茨等著　中国人民大学出版社

《公司的灵魂》
The Soul of the Corporation：How to Manage the Identity of Your Company
By Hamid Bouchikhi 等　孙颖　译
出版时间：2009 年 7 月　定价：39 元（估）

本书认为，公司形象好比公司的灵魂。我们正置身于一个崭新的形象时代之中。在这个时代里，员工、顾客、投资者以及其他利益相关者都对公司形象高度关注。更为重要的是，公司的形象与公司文化、企业战略、品牌定位等有密切的关系，并会对公司的业绩产生重要影响。如果战略决策与公司形象相悖，再好的战略也难以发挥作用。好的形象对于公司而言是一项极其重要的资产，差的形象则会成为公司的一项沉重负债。

书中选取了世界上许多著名公司的真实案例来说明如何管理公司形象，如何发挥公司形象的作用，如果利用公司形象创造出更长久的价值。本书还说明了公司在兼并收购、战略联合、分立剥离以及创新品牌等不同的情况下如何应对形象挑战。

除了丰富的案例外，本书还提出了"形象审计"这一概念，并辅之以问卷调查、培训设计等具体方法，为领导者塑造和管理公司形象提供了可操作性的指导。

（左侧书脊）公司的灵魂　哈米德·布希基等著　中国人民大学出版社

图书在版编目（CIP）数据

终极领导力/帕尔默著；梁彩云译．
北京：中国人民大学出版社，2009
（沃顿商学院图书）
ISBN 978-7-300-10636-6

Ⅰ．终…
Ⅱ．①帕…②梁…
Ⅲ．领导学-研究
Ⅳ．C933

中国版本图书馆 CIP 数据核字（2009）第 065834 号

沃顿商学院图书

终极领导力

拉塞尔·帕尔默　　著

梁彩云　　译

出版发行	中国人民大学出版社	
社　　址	北京中关村大街 31 号	邮政编码　100080
电　　话	010 - 62511242（总编室）	010 - 62511398（质管部）
	010 - 82501766（邮购部）	010 - 62514148（门市部）
	010 - 62515195（发行公司）	010 - 62515275（盗版举报）
网　　址	http://www.crup.com.cn	
	http://www.ttrnet.com（人大教研网）	
经　　销	新华书店	
印　　刷	北京山润国际印务有限公司	
规　　格	160 mm×235 mm　16 开本	版　次　2009 年 6 月第 1 版
印　　张	13.25 插页 1	印　次　2009 年 6 月第 1 次印刷
字　　数	176 000	定　价　32.00 元